女性公務員のリアル

なぜ彼女は「昇進」できないのか

直子

学陽書房

はじめに

あなたは何を思ってこの本を手に取ってくれましたか？　女性活躍に疑問がある？　ジェンダーの話題についていけてない？　女性公務員、または周囲の職員として仕事にモヤモヤがある？　おそらく、さまざまな思いの中、自分なりに「知りたい」「変えたい」と思っているのではないでしょうか。著者である私もその一人です。

私は地方公務員として25年ほど働いています。育児や介護がなく、1日の大半を勤務に費やすことができ、現在は管理職になりました。働く中で、経験した業務内容によって、役所で働くうえでの苦労の種類や度合いが異なってくること、その差は「個人」というより、主に「男」「女」のくくりによるのではないか、と30代前半で疑問に思い始めました。釈然としないままでしたが、その後10年間は役所の意思決定や仕事の進め方を経験して学ぼうと覚悟を決め、組織規範に沿って働きました。しかし、その10年間で経験したことに達観できず、自分なりに置かれた状況を把握するため、40代半ばで大学院修士課程に入りました。そこで、地方公務員の幹部人材、特に女性職員の育成に効果のあるキャリアパスとはどんなものかを検討した修士論文を作成し、現在は博士課程へ進み「公務労働のジェンダー分析」の研究を続けています。

日本のジェンダーギャップ指数の低さ、人口減少時代において女性の能力を社会で活かせるよう家事と仕事を両立しやすくする重要性、女性の管理職比率を上げる国の方針……。断片的な情報はよく耳にしますが、たとえば**「女性管理職はなぜ少ないのか」「組織の中核はなぜ男性ばかりなのか」などの問いに、歴史的・社会制度的な背景なども踏まえて理由を説明できる方は少ないはず**です。私も以前は、こうした自治体の女性職員に関する諸問題は**「個人の能力や頑張り次第」などと、個人や女性特有の資質に理由があると思ってしまっていた**時期もありました。世の中には、これらの問いに関する専門的知見に基づく書籍や学術論文が多く出ていますが、相当な関心を持たないとなかなか接する機会はありません。

また、女性の労働には、まだまだわかっていない、検討されていないことがたくさんあります。公務労働では、たとえばこんな謎があります。

第1の謎　そもそも女性の公務労働が十分に検討されていない。何をどう活躍させるのか

私が2022年に発表し、本書でも扱う地方自治体女性幹部職員のキャリアパスについての論文が、日本初の女性公務労働に特化した研究です。なぜ現状、構造が十分把握されない中で「女性活躍」というスローガンだけが掲げられているのでしょうか。

第2の謎　自治体組織での人材配置はなぜ性別によって偏りがあるのか

自治体はさまざまな属性の市民に対して影響の大きい施策を決定し実行しているにも関わらず、その方向性や事業案を作っている組織は、性別によって配属や業務にとても偏りがある状態です。なぜこのような状態がつくり出されているのでしょうか。

第3の謎　女性の公務労働と社会変革の関係性・可能性を本気で考えているか

女性の雇用や登用が促進されることで、男性の働き方が変わります。また、賃金、女性労働力率、出生率がともに上昇しているEU・北欧諸国などのジェンダー平等先進国では、共働きがしやすく、公務セクターでの女性雇用比率が高いというデータもあります。**公務での女性雇用のあり方を考えることは、ひとり親や女性の貧困、少子化といった日本の課題を解決する糸口になる可能性があるのです。**それなのに、なぜ日本では、公務セクターでの女性雇用を社会政策に活かす議論がほとんどされていないのでしょうか。

伝統的な経済学では、「個々人は自己の利益が最大になるように選択を行う」といいます。しかし、**私たちが自分の意志による選択だと思っていることは、実は社会構造や規範にかなりの程度の制約を受け狭められています。**「昇進を望まない女性が多い」という現象も、「女性ならではの嗜好や得意な役割があるために、女性が個人の自由意志で昇進を選ばない」からではなく、**昇進しない選択を意識的にしろ無意識にしろ、せざるを得ない社会構造がある**のです。サブタイトルにも使っているこの「『昇進』できない」には、女性の行為主体性を制限する諸環境が存在するという意味を込めています。「私のまわりでは既に性別での役割には縛られていない」とおっしゃる方もいますが、私は、**性別という属性が、どのように社会や私たちに影響しているのか、性別による不平等のいったい何が問題なのかをよく吟味せずに、いきなり「みんな」がよくなる社会をつくるのは難しい**と考えます。ですから、**当事者である女性の皆さんが置かれている環境を、男女問わずさまざまな立場から考えて、知り、そのうえで「これからどうする?」と考える**のがとても大切です。

また、日本では2022年、性別役割分担を重視し維持しようと、政治的な圧力をかける勢力の存在が一般に知られ始めました。実際、日本では他国よりも、属性で個人の行動や意思決定が制限される力が強く働き、社会全体の活力を低下させている側面があります。この本が、実質的な「女性活躍」には、社会全体の活力低下、日本社会の「身動きのとれなさ」を解決する可能性があるのだと、そして、それが地方自治体レベルから始められるのだと、前向きにとらえるきっかけになればと思います。

本書では、私がヒアリングやアンケートで集めた約300人の地方公務員のリアルな声について、研究者が積み上げてきた理論や学説を用いた解釈や説明をしています。なお、本書で分析対象としたのは「正規公務員」です。非正規公務員の労働問題は、ジェンダーと密接な関係があり、日本の抱える諸課題に大きな影響を与えていますが、この本で取り扱うのは正規公務員に推奨されている「女性活躍」に関することが中心です。非正規公務員については、今後の研究課題としています。

2023年2月

佐藤　直子

3章

女性の立場で「女性活躍」のモヤモヤと対話しよう

4章

男性の立場で「女性活躍」のモヤモヤと対話しよう

5章 これからのあなたの「働き方」を考えるには

6章

では今、自治体組織にどんな改革が必要なのか

凡例

昇進・昇任・昇格→昇進（定義はそれぞれ異なりますが統一します）
地方自治体→自治体
政令指定都市→政令市
地方自治法→自治法
雇用の分野における男女の均等な機会及び待遇の確保等に関する法律→均等法
男女共同参画社会基本法→基本法
女性の職業生活における活躍の推進に関する法律→女活法
育児休業、介護休業等育児又は家族介護を行う労働者の福祉に関する法律
→育児・介護休業法
均等法成立前（1985年以前）に入社した世代→均等法前世代
均等法成立直後（1986～1989年）に入社した世代→均等法第一世代
均等法成立から10年後に入社した世代→均等法第二世代

1章

女性公務員が「昇進」しづらいって本当?

私には
できません、
課長なんて……

「女性だから」
昇進させるというのも
なんだかな……

どう考えても
昇進できる部署が
偏りすぎでしょ

「自分ではどうにもできない」社会構造への諦念

女性公務員は何が「苦しい」のか？

「公務員の中で、男女の不平等がある」と聞いてもなかなかピンと来ない人もいるでしょう。あるいは「不平等があっても、民間よりラクで安定している分、全然マシ」と思うかもしれません。「ワーク・ライフ・バランスが配慮され定年まで働ける」「昇進しなくてもよい給与がもらえる」「よほどでないとクビにならない」などの利点を持つ正規公務員は、確かに多少の不平等など気にならないように思えるかもしれません。

しかし、リアルな女性公務員の皆さんは、実際どういう思いで働いているのでしょうか。私がヒアリング調査をする中では、こんな後悔の声もよく聞かれます。

「やる気、体力、時間があるときに、仕事をすることの楽しさを実感できる仕事を任されず、雑用に真面目に従事する。その後も、子どもを産み育てている間に、もしくはほかの仕事があると知らずに雑用だけやっている間に、考える頭と体力を失い経験・知識不足に陥り、自信を喪失。40歳近くで現状に気づき、退職までの十数年をいかに無難に過ごすかが一番の関心事となる。今から昇進しても雑用の長になるだけだから、なりたくないとなってしまう」（40代前半・主任）

個人の問題は社会の問題、職員の問題は組織の問題

なぜ彼女はこの境地に至ったのでしょうか。こんな不満は「井の中の女性公務員」のワガママで、小難しく考えず、仕事があることに感謝して謙虚に働けば、なんの問題もないのでしょうか？　もしくは、家事や育児に追われていても、仕事に全力で取り組めば昇進の道も開けるのだから、努力を怠った彼女の自己責任、なのでしょうか？

この章ではまず、自治体職場で発生している職務配置上の男女差の状況について、私の研究［佐藤2022］に基づき共有します。そして、本書を通し、「女性活躍」を推進すればこのような女性職員は減るのかどうかを考えてみたいと思います。

同じ部署で同じだけ働いても「成長できない」謎

男性職員と女性職員で、経験する業務の質が違う

女性職員へキャリアについてヒアリングをすると、**「同じ職場の男性陣と比べて、自分の経験してきた業務の質が違うと感じたことがある」**と答える方がいます。私は入庁9年目に、入庁年がほぼ同じ男性の同僚と私とでは経験してきた業務内容が違うと気づきました。2006年、給与構造改革のため、内部調整・組合交渉・議会対応などで忙しい部署に異動したときのことです。ここでは、例規改正等の事務や人事・給与諸制度に詳しいと仕事が楽に運びます。しかし、私は公務災害や年末調整などの事務処理しか経験がなく、庶務事務以外に活用できるスキルは一つもありませんでした。

ところが、ほかの男性職員は、以前の職場は人事課、人事委員会事務局、法制課などであり、その部署での仕事ぶりを認められ、満を持して異動してきていたのでした。

たまたま？　いや、私は彼らとは違う「基準」で選ばれ配置されたのでしょう。この場合、育てて活かされるためではなく、キャリアの前半期に「長時間へこたれずに働ける」「メンタルになってつぶれない」等の職務経歴に関係ない基準で選抜され、置けそうなところに置かれ、そこでの順応具合で昇進が決まっていくのです。私だけではなく、女性職員はこの傾向にあります。

女性公務員のキャリアパスは「成長できない」特徴がある

この経験から私は**「女性は男性職員と比べて人事異動による計画的な育成がされておらず、次の異動先を決める際に、業務を通じて得た経験やスキルが考慮されにくいのではないか」**と考えました。そこで、この仮説について、先行研究を踏まえて考察してみたいと思います（注：この仮説は一般事務職（P23〜26参照）を対象に設定しています）。

地方公務員は幅広い部署を経験させることで能力開発がされ、これは官民ともに日本に特徴的な育成方法です［稲継1996］。日本の組織の賃金制度は仕事の内容ではなく「職業能力」に紐づく「職能給」ですので、どの部署でどんな事態が起こってもオールマイティーに対応できるような人材が重宝されます。この日本型育成では、**①職業能力がどれだけ成長するかは、本人の生来の能力だけでなく、配置される仕事のレベルによって変わる**といわれます。仕事に必要なスキルの形成だけでなく、**人材としての価値もキャリアパスで決まる**というのです［小池1991：2005］。地方公務員のキャリアパス事例では、入庁から一貫して組織の重要な意思決定に関わる仕事は経験せず、事務処理や窓口対応・現場業務にのみ従事するケースが現在でもあります。これは、①の研究から考えると、能力が一定の範囲以上育たない原因になり得ます。

一方、やみくもにいろいろな業務を経験すれば成長するわけでもなく、**②異動前後の仕事の関連性が薄い分野間で幅広く経験を積むと、能力形成や昇進に負の効果を生む場合がある**ことが確認されています［小池2003、井上1982、松繁2000］。たとえば、自治体では、内部調整を一切経験してこなかった女性職員が突然企画分野の官房部門に係長級で異動したり、議会答弁を一切書いたことがない女性職員が管理職に昇進したりする事例があります。②の研究によると、こういったケースでは、その職員に「負の効果」が生じます。「負の効果」とは、仕事を覚えるのに時間がかかる、周囲が教える負担もあるので放置されそもそも仕事を覚えられない、仕事がこなせないという自責からメンタル的に崩れたり、同じ期間働いても身につけられる業務経験が計画的に異動してきた男性職員より少なくなったりしてしまうなどが考えられます。また、周囲の職員もサポートに疲弊し、チーム全体のパフォーマンスも下がるでしょう。

「できなさ」の正体

要は、育成されていない能力が求められる部署に突然異動した場合、たいへんな労力を要し、自他共に「できない」と感じます。そして、そうなる可能性は女性のほうが高いと私は考えました。さらに、このような事例が蓄積され、**「女性」は行政のコアな業務に適性がなく中枢を担う部署には不適格だと、「女性」というくくりで、組織内での統計的な負の評価が確固たるものになる**ことを危惧しています。

とはいえ、本当に女性職員のキャリアパスは能力形成に負の効果を与えているのでしょうか？　そして、男女でキャリアパスに違いはあるのでしょうか？　なぜこのような差が発生するのでしょうか？

データでみる自治体幹部職員のキャリアパスの男女差

「本庁」と「支庁」における自治体管理職の役割と女性の割合

自治体の、特に一般事務職では男性職員と女性職員とで、配属先や割り振られる職務内容が異なるため、経験値に差があります。ある政令市幹部職員の入庁から退職までの職務履歴の分析で明確な差が出ています。この研究で政令市が対象なのは、①都道府県並みの権限を持ち市町村が担う行政サービスも行い、幅広い分野での観察ができるため、②行政区域の広さ・職員数の多さから、意思決定機能と行政サービス提供機能が概ね「本庁」と「支庁」に分かれ配属部署での分析が行いやすいためです。

「支庁」は行政の第一線ですが、主要な意思決定を行うのは「本庁」です〔浜松市2009、川崎市2016ほか〕。「本庁」は自治法第158条第1項規定の普通地方公共団体の長がその権限に属する事務を分掌させるために条例で設置する内部組織の主たる拠点です［大杉2009］。一方、政令市の主な「支庁」として行政区（政令市の中で行政を行う地域の単位）の事務所たる「区役所」があります［大杉2009］。本庁と区役所の役割分担は、法律のほか、本庁で作られた計画・方針等に基づき、本庁から配分された予算や職員数による市民サービスの提供を主な業務とする自治体が一般的です。

この役割分担では、**本庁と支庁で経験できる質が異なる**と考えられます。もちろん、同じ本庁でも職員により経験は異なりますが、本庁と支庁という基準では、意思決定への関わり方を目に見える形で比較できます。本庁でキャリア前半に経験を積んだ職員は、組織の意思決定や事業の進め方、組織内部での調整を見聞きし経験した可能性が高く、支庁はその逆です。そして**「本庁」＝意思決定機関ならば、本庁における管理職女性比率が高い自治体ほど女性管理職の意思決定過程への影響力が大きい**と考えられます。

調査の前提を整理する

幹部職員のキャリアパス調査では、組織のトップになった職員がどんな経験を積んだかを調べるため、「既に退職している」「一般事務職」「本庁の局長経験者」の3つの条件を満たす対象者の選定を行いました。既に退職している職員が対象なのは、キャリア全体での比較ができ、現職よりもデータの正確性が増す＝より本音を語ってくれると考えたためです。結果、均等法前世代が対象となりました。

次に、「一般事務職（国の調査では「一般行政職」と表記され、こちらのほうが範囲は若干広い）」を対象とした理由は、最も幹部職員が出る職種だからです。政令市を構成する職種は「教育職」の職員数に次いで「一般事務職」が多くなっており、A市も同様です。自治体職員の職種は、「消防職」「看護師」「技能職」など携わる主な分野ごとに区分され、担当分野が職種で限定されます（稀に職種区分とは異なる分野の業務を担当する職員も存在する）。「一般事務職」は、これらの区分がある職種が担う分野・職務以外を網羅的に行います。この「一般事務職」が自治体の各機構（局、部、課など自治体によって単位が異なる）の長となるケースがほとんどです。A市の場合、この機構のトップは主に「局長」という役職名となります。A市には2022年度現在で30の局・本部機構がありますが、このうち一般事務職以外の職種が長であるのは近年平均して2～3局（職種は土木職や建築職）です。このように、**ルールがあるわ**

けではないのに、一般事務職から幹部職員が選ばれる仕組み・構造となっています。

本庁で局長になった女性一般事務職がいない！

このうえで最後の条件「本庁の局長経験者」に絞って調査したかったのですが、A市が政令市に移行してからの**50年間、一般事務職で本庁の局長を経験した女性はゼロ**でした。A市は内閣府「地方公共団体における男女共同参画社会の形成又は女性に関する施策の推進状況（令和3年度）」によると、2021年4月1日現在で組織全体での「管理職女性比率」「課長相当職女性比率」は政令市中上位5位以内に入り、女性登用が他の政令市と比して進んでいると分析することもできます。自治体の「女性活躍」の現状がこれです。

ともかく「本庁の局長経験者」である女性職員はA市史上いないため、A市のポスト局長に最も近い「区役所」の長の「区長（政令市に置かれる「行政区」の長。「支庁」のトップ）」から、対象者を選びました。

こうして、私は均等法前世代の職員のうち一般事務職で区長を経験した女性職員と、本庁の局長を経験した男性職員を中心とした11名の方にキャリアパスに関するヒアリング調査を行いました。なお、この後取り上げる男性J職員は専門職の局長経験者、K職員は区の部長級で退職された方で、いずれも本調査の対象外ですが、女性職員と比較するためデータを取りました。女性職員は、条件にあてはまる歴代の全職員からデータを取りました。

女性区長は管理職になるまでに「スキル形成」がしづらかった

ヒアリング調査では、「行政職員としての能力アップに役立った業務」「本庁管理職の職務を行う上で役立った業務」「局長級の職務を行う上で必要なキャリア（職務上の経験）」を質問しました。調査対象者から共通して得られた回答を、「自治体幹部職員としてのスキル形成に効果がある業務」（以下、「スキル形成業務」）として、①**財政**（予算・決算事務）、②**組織**（組織整備、人事、組合交渉、行財政改革関連業務）、③**企画**（政策等の企画調整（計画策定や政策等の庁内調整。進捗管理のみは除く））、④**ステークホルダー対応**（事業者・団体折衝、市民や企業等との連携・協働事業、市

図表1　「スキル形成業務」の経験

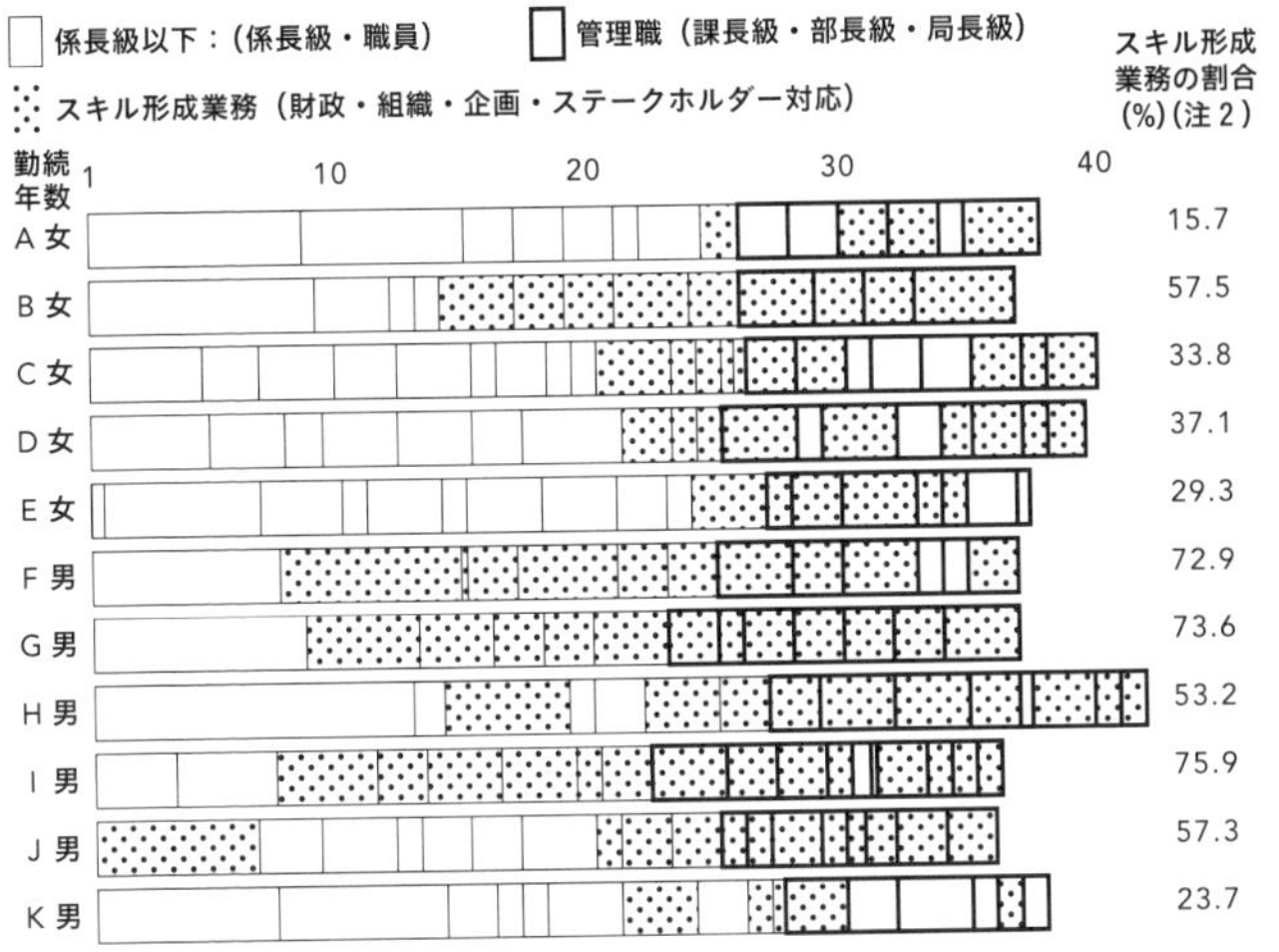

（出所）筆者のヒアリング結果資料より作成。
（注1）ポスト本来の役職で記載（課長級の役職で係長のポストに就いていた場合、係長として記載）
（注2）算出方法：スキル形成業務に従事した月数／在職月数（局長級経験月数を除いて算出）

民反対運動への対応、他都市との折衝や連携事業（窓口対応のみは除く））の4つで整理しました。これらの「スキル形成業務」を、各調査対象者の異動履歴に落とし込んだものが図表1です。

調査対象の女性職員5名中4名が、約40年間自治体で勤務する中「スキル形成業務」⁙を経験した期間が50％を切っています。特にキャリア前半期での経験がありません。一方で、局長を経験した一般事務職の男性職員3名は70％を超えており、調査対象外のK職員、J職員とも差が出ています。つまり、**一般事務職で本庁の局長になった男性は、キャリアの初期から「スキル形成業務」を経験している**のです。このように経験上は大きな差がありますが、課長級に昇進後、定年退職までの期間は女性職員平均12・6年、男性職員（JとK除く）平均13・75年と1年ほどの差しかありません。つまり、経験の有無によって管理職に昇進する年齢にそれほど差がつくことはないのです。この結果は、**局長級に昇進する男性は管理職になるまでにスキルが形成されているのに対し、女性はスキルの形成がしやすい経験ができる期間が短く、管理職になるまでにスキルが形成されにくい**ことを意味しています。

女性区長は自分で判断しがたいことをわかっていた

自治体の管理職になるということは、自身が所管する業務の判断を行うということです。判断する対象の重要度などに応じ、自分が何を確認しなければならないかがわかっており、実際にミッション達成に向けた適確な動きを管理職は求められます。これに必要なスキルや人脈を管理職になるまでに身につけられているかどうかが肝要です。熟知している分野ならともかく、全く初めての分野で管理職になったらどうでしょうか。何をすればよいかわからず辛い中、動き方によっては（動き方を知らず動けない場合もあります）上司や部下の負荷も上がります。そして、求められている動きができないことへの非難につながり、本人のモチベーションも著しく下がるおそれがあります。

ヒアリング調査では、特に財政関係を長く経験した男性職員が「係長級までに全市の事業や各分野の基幹職員をひと通り把握できたので、局長で判断に困る場面がほとんどなかった」と述べています。一方で女性職員は「人脈が重要」との言及を全員から得ています。**「自分自身でというより、人脈で解決できた（自分だけでは判断や実行ができなかった）」という意識が強い**のです。判断や事業推進において、**自身が主体となってコントロールできている実感に男女差**がみられました。

庶務経験の男女差は歴然

もう1点、異動履歴で男女差が顕著に出ているのが「旅費事務・文書事務・服務関係事務」（以下、「庶務事務」という）のキャリアです。「庶務課」「総務課」での予算・

決算事務などの経理事務や、組織の調整（組織整備、人事）は、管理職になって何を基準に判断するかの経験を蓄積できる「スキル形成業務」であるとの回答を得ています。しかし、旅費事務（旅費の支払い）、文書事務（送達・回覧・照会回答）、服務関係事務（出勤簿管理）などは、規定やその役所独自の「お作法」に則った事務処理で、基本的知識を習得できる反面、いわゆる「作業」に時間がかかります。この「庶務事務」経験を各調査対象者の異動履歴に落とし込み、グラフ化したものが図表2です。

女性職員は全員が「庶務事務」▒を経験していることに加え、庶務事務を断る意思表示をした1名を除く4名は、庶務事務を経験した期間が全経歴の約30％を占めています。一方、局長級を経験した男性職員は5名中4名が一度も庶務事務を経験しておらず、残る1名も全履歴の9％でした。この割り振られ方は、**庶務事務という職務が「ジェンダー化」されていたわかりやすい例**です。「ジェンダー」とは、社会的あるいは文化的につくられた性別のことで、「ジェンダー化」とは社会的につくられた性別で意味づけされた取扱いがされる現象をいいます。そもそも、この「庶務事務」は自治体において部署単位で行われ、ほとんどの場合1〜2名で担当します。会計年度任用

図表２　「庶務事務」の経験

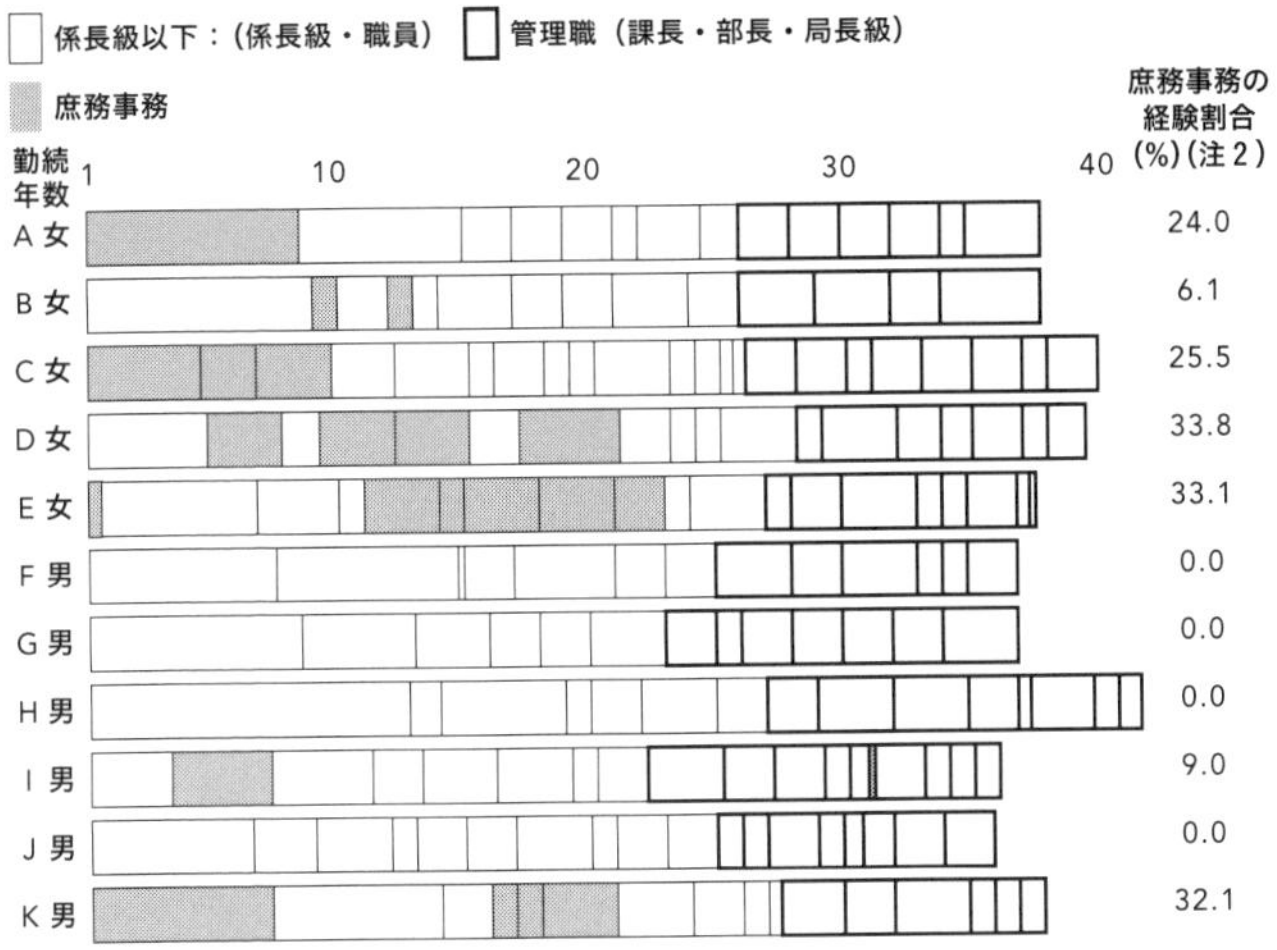

（出所）筆者のヒアリング結果資料より作成。
（注１）ポスト本来の役職で記載（課長級の役職で係長のポストに就いていた場合、係長として記載）
（注２）算出方法：庶務事務に従事した月数／在職月数（局長級経験月数を除いて算出）

職員の導入が進んだ現在でも正規職員が行う庶務事務は残っています。所属部署の業務内容や各職員の担当業務や物品を購入する際の契約支払い等の執行手続、職員の服務に関する規定や手続などを幅広く知っている必要があるからです。

庶務事務は、その自治体だけの運営に使用できる特殊な知識が必要な職務であると同時に、あくまでその職場の本筋の業務ではなく、周辺的な業務です。後でお話ししますが、**女性が中核的な業務とは一線を画す「周辺的」「補佐的」な役割を担うのは、日本的雇用シ**

ステムの特徴〔佐口2018ほか〕であり、職務が「ジェンダー化」された形です。

なお、男性K職員と女性職員は似た形のキャリアパスです。ここから、「男女でなく個人差だろう」という意見が予想されます。もちろん、男性も昇進する人ばかりではありませんが、この調査では、①調査時点で区長に昇進したすべての女性一般事務職に共通するキャリアパスがある、②女性一般事務職で本庁の局長を務めた職員はいない、③約50年間で女性局長級が20名足らずと（P43参照）量的に少ない、という明らかな男女差が確認されています。

キャリアパスの男女差は新たな形態へ

以上が均等法前世代のキャリアパスの特徴でした。現在、女性正規職員が従来担ってきた業務は会計年度任用職員への移行や外部委託化等の非正規化が進み〔上林2015〕、キャリアパスに変容がみられます。たとえば、以前は庶務担当者が行ってきた完全な雑務（書類のラベル貼り、封入作業等々）は会計年度任用職員がほぼ行い、給与支払い事務や補助金の一次審査、窓口業務などが多くの自治体で外部委託化されました。このため、若手の女性正規職員が担当しがちだった事務は減りました。では、昇進する職員のキャリアパスの男女差は、縮小方向で変容したのでしょうか。

均等法前世代で区長まで昇進した女性職員は、キャリア前半で周辺的な業務に従事し、係長に昇進する前後で突然、経験のない政策や人事など総括的事務を行う官房系部署に抜擢、補佐的な業務に従事する特徴がありました。これに対し**現在は、キャリア前半でスキル形成に役立つ業務を経験しても、管理職になる直前、もしくは管理職にあがって2回目以降の異動で「支庁」に異動またはそれまで一度も経験したことのない分野への異動というパターン**が出てきました。

「女性の管理職も増えている」の数字の罠

管理職女性比率が高い自治体の女性管理職は支庁に多い傾向がある

ここまでA市の例をみてきましたが、ここからは、この**「女性管理職が支庁に偏る」現象は、一部の自治体だけでなく全国的に起きている**ものであることをみていきます。図表3は国家公務員、地方公務員、民間企業それぞれの管理職女性比率の経年比較です。すべてで比率が上向きになっていることは確かです。特に、政令市や市（区）町村は国や企業と比べて管理職女性比率が高く、女性の登用が進んでいる業界といえます。ここで、どういうポジションの管理職に就いているのかに注目してみましょう。所属を「本庁」と「支庁」に、職種を「一般行政職」と「専門職」に分けてみていきます（この分析では「一般行政職」以外の職種を「専門職」と記載する。分析の元データは管理職限定であり、技能職や労務職は管理職としての給料表が設定されていない

図表３　管理職（課長相当職）女性比率の推移（国・都道府県・政令市・市（区）町村・企業／経年比較）

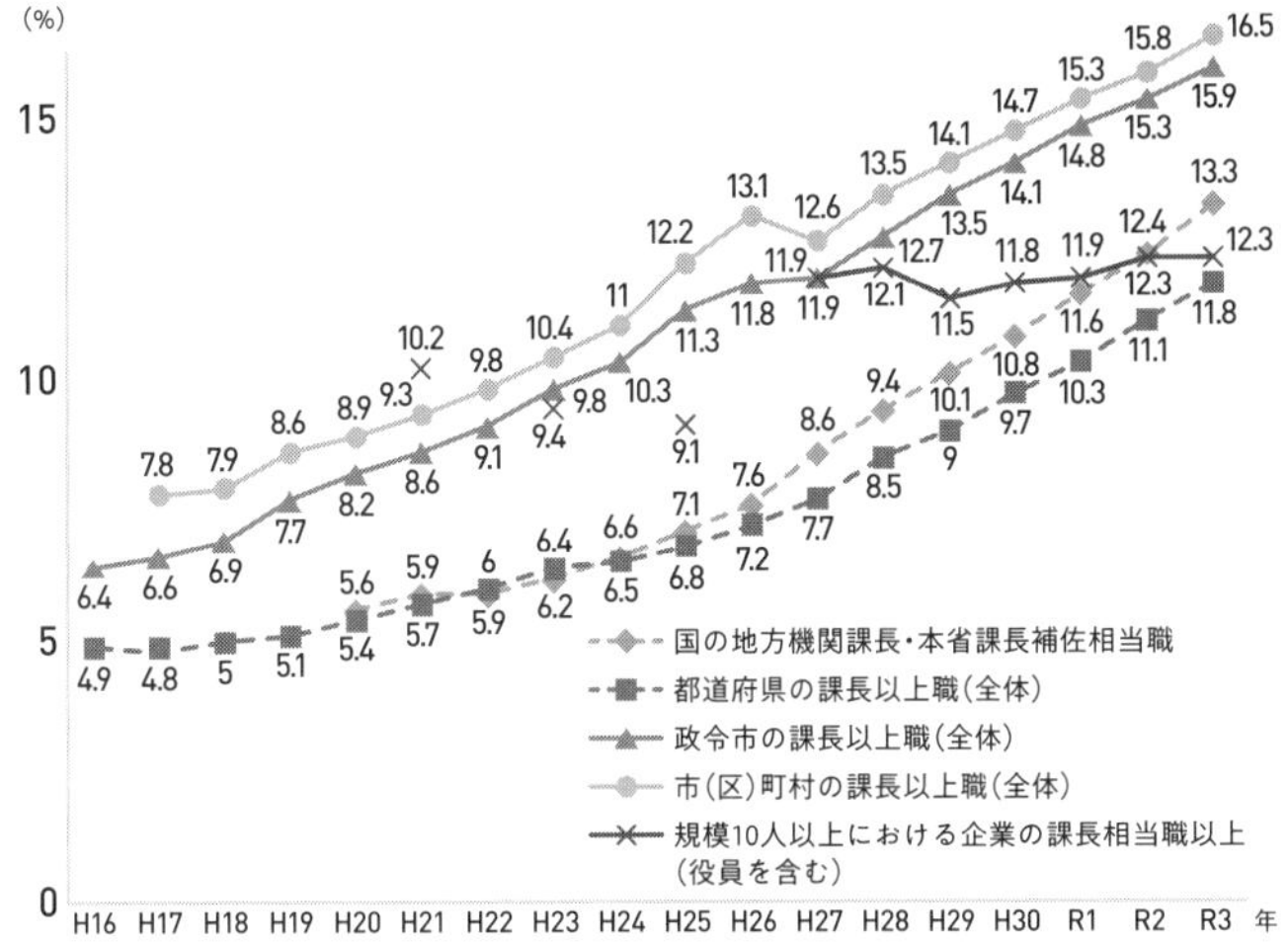

（出所）内閣官房内閣人事局「女性国家公務員の登用状況のフォローアップ」（令和３年11月25日）／内閣府「地方公共団体における男女共同参画社会の形成又は女性に関する施策の推進状況（令和３年度）」（令和３年12月２日）／厚生労働省「令和３年度雇用均等基本調査」

（管理職になれない）ため）。

Ｐ23で、本庁管理職の女性比率が高い自治体ほど、女性の意思決定過程への影響力が大きくなるという考え方を説明しました。これを踏まえて、各政令市の女性管理職がどのように配置されているかみていきましょう。図表４をみると、全庁総数における管理職女性比率（20政令市平均値15・４％）が高い上位５都市のうち、**横浜市以外はすべて本庁より支庁の管理職女性比率が高くなっています**。そして、前年度と比べて本庁と支庁どちらの管理職女性比率が伸びているかをみると、図表４

図表４　政令市における所属／職種別管理職女性比率（2021年４月１日現在）

（単位：ポイント）

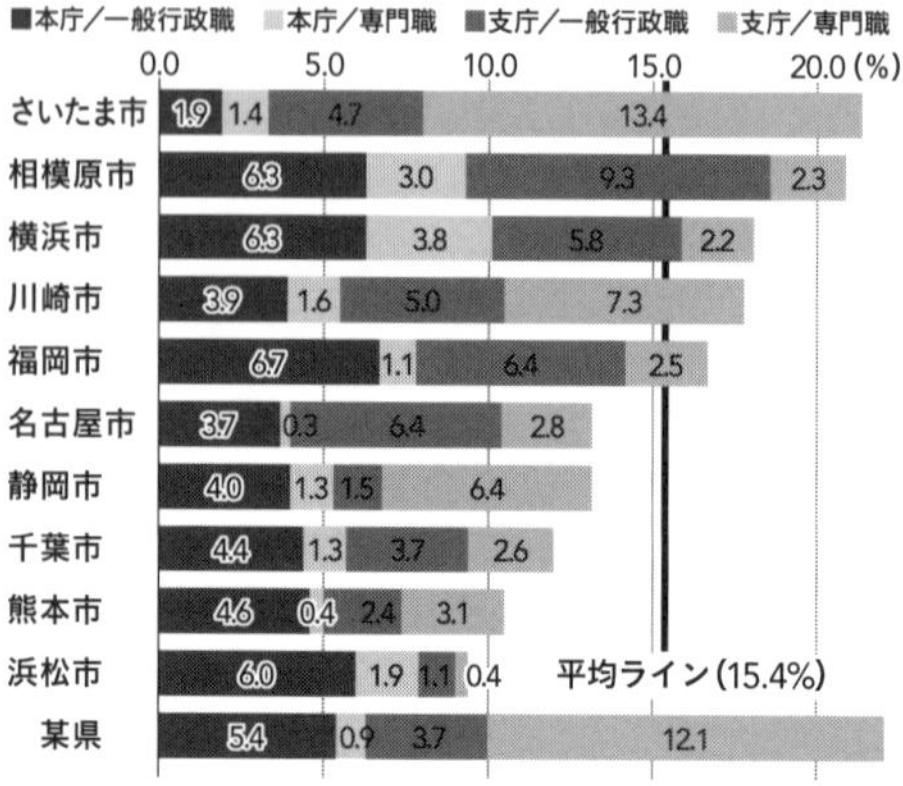

本庁（R3−R2）	支庁（R3−R2）	政令市
0.0	0.3	さいたま市
0.8	0.4	相模原市
0.1	0.1	横浜市
−1.0	0.6	川崎市
0.1	0.8	福岡市
0.7	−0.4	名古屋市
0.5	0.7	静岡市
−0.1	−0.1	千葉市
0.8	−0.3	熊本市
0.6	−0.4	浜松市

（出所）内閣府「地方公共団体における男女共同参画社会の形成又は女性に関する施策の推進状況（令和３年度）」をもとに20政令市中、上位と下位５市ずつを取り上げて作成。

（注）管理職女性比率平均値（15.4％）は上記内閣府資料の元データより20政令市の「各政令市の管理職女性比率の合計／政令市の数」で算出。

の元データの20政令市中、本庁の伸び率が支庁より高い都市が10都市、その逆が10都市で、ちょうど半分ずつに分かれました。しかし、管理職女性比率上位5都市中3都市で、支庁は本庁より伸び率が高くなっています。また、支庁の伸び率がマイナスで本庁の伸び率がプラスの都市は、全庁総数での女性管理職比率が下位の都市に集まっています。この状況から読み取れるのは、管理職女性比率が高い自治体は「支庁」に女性管理職を配置しているという傾向です。

２０２０年12月の第5次男女共同参画基本計画では、**「２０２０年代の可能な限り**

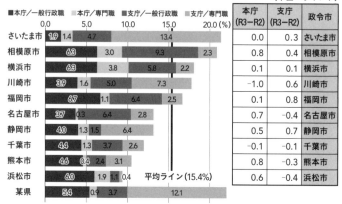

早期に指導的地位に占める女性の割合が30％程度となるよう」取組を進めると目標を立てています。この「30％に近づける」という力と同時に、**本庁の管理職には女性職員を一定以上置きたくない・現実的に置けないという力も働いており、結果として「支庁」に女性管理職が増えている**というのが私の仮説です。現時点で女性管理職数が少ない自治体は、試行錯誤の過渡期で本庁の伸び率が大きいのでしょう。しかし、先行状況をみると、これらの自治体も今後支庁の伸び率が高くなる、つまり（昇進する）女性職員は管理職になる頃「支庁」に異動になるというキャリアパスのひとつのトレンドがデータからも読み取れるわけです。

2022年1月、某県の管理職女性比率が突出しており6年連続で都道府県トップとのニュースがありました。本庁・支庁の分析をしたところ、図表4のとおり、**やはり「支庁・専門職」に偏っていました。**主要な意思決定への関わりがほぼない支庁で、女性が大半を占める職種や分野での女性管理職を極力増やす、つまり、男性と棲み分ける力学が、全国的に働いていると考えられます。

職場に潜む「女性用」の仕事と役職

「性別による分業」の国際比較と日本の特徴

前項で述べたとおり、支庁・専門職の管理職女性比率が突出した自治体がいくつもあります。これは、支庁には健康・福祉などヒューマンサービスの現場対応を行う部署が多く、こうした部署は女性が大多数を占める保健師や看護師等の職種が配置されるため、事務職だけでなく専門職の女性を支庁で登用するという考えが出てくるのだと推測します。

ところでそもそも、なぜ男女で就く職業に偏りが生じているのでしょうか。他国も同じ傾向ですが、日本は特に男女での分業が著しいと指摘した研究があります。

この研究では、まず日本における性別による就く職業の偏りをみます。専門職を2つのタイプに分け、日本・韓国・米国での比較を行いました。タイプIは「非ヒューマンサービス系専門職（エンジニア・弁護士・会計士など）＋地位の高い専門職（医師・歯科医師・大学教員）」、タイプⅡは「ヒューマンサービス系専門職（医療・保健・看護・社会福祉部門）」です。日本女性はタイプⅠが非常に少なく、韓国・米国と比べかなり女性割合が低くなっています。タイプⅡと事務職に女性が多いのは3か国共通でみられますが、日本ではタイプⅡの女性数は男性の30・8倍で、韓国は13・4倍、アメリカは5・9倍です。なお、**日本で男性と女性が同じ職業分布となるには、女性の42・7%が職業を変える必要がある**そうです。また、**公務セクターにおける、ヒューマンサービス系専門職を含む看護・福祉部門や司書など女性割合の多い専門職の非正規化**も日本の特徴です［山口2017］。

「女性用の仕事と役職」企業と自治体との比較

日本企業では女性がどのような仕事を割り当てられ、正規社員男女間でどのように分業されているのか、先行研究からみていきます。

①　大手百貨店A社、1990年頃の売り場では「販売は女性、管理は男性」と、役

割分担が明確だった。女性はベテランが販売のみ、中堅が教育と苦情処理、若手が付帯業務（レジ、梱包、掃除など）を行った。一方若手男性は、1名が売り場、残る2名が商品の出し入れ、納品・返品作業、タイムサービスの実行などを行いつつ1年後には売り場を熟知するよう下積みし、幹部候補生として育成される［木本1995］。

② 大手不動産A社に90年代以降新卒採用された事務系総合職は、「商品開発」「総務・法務・CSR」「財務・経理」の女性比率が高く、基幹事業のマンション管理運営には女性がほぼ配置されなかった。人事部は、「過去に女性の配置を試みたが勤務時間外での緊急対応や苦情処理に難があり失敗した」ことを理由とした［堀内2015］。

③ 労働政策研究・研修機構［2007］の管理職を対象としたデータ分析では、女性管理職の約4割は所属が「その他」カテゴリで、約7割が部下に女性が多い部門に配置され、男性よりも下位の役職が多く、昇進スピードは遅く、年収は低かった。

④ 20年強にわたる「均等法第一世代」の女性総合職、「均等法第二世代」への調査

等から、多くの女性が今日でもなお意思決定層ラインから外れた「女性用の役職」に就いている可能性が示されている［大内2012a：2012b：2014：2020］。

企業とA市の研究結果の整合点

以上の企業での性別分業の形と、私の研究で整理したA市の状況を比較、考察してみます。

① A市でも事務処理や窓口対応（企業でいう「接客」）部署には女性職員が多く、財政、行革、企画といった官房系部署（企業でいう「管理」）。意思決定や調整の部署には少ない。**企業も自治体も、根底に同様の規範がある**のではないか。

② A市の基幹部署である財政課でも、歴史上2人しか女性が配属されていない。**基幹部署での長時間労働等が女性配置の制限につながっている**と考えられる。

③ **女性は男性よりも下位役職が多い点、平均年収が低い**と考えられる点（管理職女性比率の低さ、男性職員の時間外勤務の多さ、人事評価の昇給反映による差などによる）はA市も同様。ただ、企業では女性の昇進のスピードが男性より遅いのに対し、

A市では管理職に昇進する「年齢」は1年ほどしか男女で差がない。昇進年齢には大きな差をつけず、モチベーションを維持しようとする傾向が出ている。

④　企業管理職には「女性用の役職」があり、2020年時点でも女性が意思決定層ラインからはずれているとの指摘があった。これは、（2022年4月現在）A市事務分掌条例第1条で規定する「市長がその権限に属する事務を分掌させるために設ける必要な内部組織」である「局及び本部」のポスト局長級経験者にいまだ一般事務職の女性職員がいないことから、自治体においても同様の傾向があると考えられる（A市では区役所、行政委員会、会計室及び市民オンブズマン事務局は「局及び本部」の対象外）。

A市に「女性用の役職」の「型」ができるまで

図表5は、A市を局長級で退職した女性職員の情報を整理したものです。このほか現職の女性のポスト局長級だけ数えると、2021年4月1日付けで区長2名、2022年では市民オンブズマン事務局長（担当理事）が昇進しました。

図表5　A市における局長級を経験した女性退職者一覧（2021年4月1日現在）

No.	退職時の職	職種名（入庁時）	退職年
1	市民局長	保健師	2000
2	教育長（現：教育次長）	教育職	2005
3	区長	保健師	2005
4	収入役室長（現：会計管理者・室長）	一般事務職	2006
5	人事委員会事務局長	化学職	2006
6	市民オンブズマン事務局　理事・事務局長	一般事務職	2008
7	市民・こども局こども本部（現：こども未来局）医務監	医師	2009
8	人事委員会事務局長	学芸員	2009
9	市民オンブズマン事務局　理事・事務局長	保健師	2010
10	区長	教育職	2012
11	会計管理者・室長	栄養士	2014
12	市民オンブズマン事務局　理事・事務局長	一般事務職	2014
13	環境局担当理事	研究職	2014
14	区長	一般事務職	2017
15	区長	一般事務職	2017
16	区長	一般事務職	2018
17	区長	一般事務職	2021

（出所）A市職員録及び筆者のヒアリング結果資料を基に作成。
（注）▒は一般事務職。

図表5をみると、政令市移行後、局長級で退職した女性職員は17名で、そのうち10名が専門職、7名が一般事務職です。専門職の局長級退職者は2014年以降おらず、近年は専門職より一般事務職が局長級に昇進する傾向です。A市初の「女性局長」が誕生したのは均等法成立から12年経過後でした。この初の女性局長は保健師で、基本法施行2年前の1997年度に局長となり3年間務め退職しています（図表5No.1）。以降、「局及び本部」のポスト局長を経験した女性職員は一人もいません。この方の退職後14年間

は、ほぼ専門職から局長級に昇進しており、配属も会計室、人事委員会事務局、市民オンブズマン事務局等の組織の主な意思決定に関わらない部署での登用が続きます。約10年前から女性局長級職員は「区長」への配属のみとなっており、現時点でA市局長級における主な「女性用の役職」は「区長」と考えられます（なお、2023年1月執筆時現在、この女性区長が配属される区も固定されています）。

労働市場において性別で仕事を分けることを「性別分業」といいますが、この変遷から考察すると、A市局長級では、基本法、女活法と法整備が進むにつれ「女性用の役職」が定着し、**局長級の性別分業に一定の「型」ができた**といえます。

女性の社会参画や組織での登用に向けた法整備が進む中で、性別分業が形を変えて自治体組織に残るのはなぜなのでしょうか。こういう状況は、個人の自由な意志や選好が集まった自然の流れなのでしょうか。皆さんはどのような感想を持たれましたか？

2章

そもそも、自治体で女性が活躍することに意味があるの？

女性管理職が
少ないのは、女性自身の
「自由な選択」でしょ？

「女性が女性が」と
騒ぐだけで、
社会の何を
変えられるの？

自治体が
女性活躍を重視しないと
住民にデメリットでも
あるの？

女性の公務労働の問題点とその意義を真剣に考える

女性管理職が30％になったら何が変わるのか？

1章を踏まえ、私は、**『30％目標』は、組織の重要な意思決定に実質的に関われる管理職が増えることで達成されなければ意味がなく、そのために必要なスキルの育成を、女性のキャリア初期から地道に行う必要がある**」と考えました。

ここで、ヒアリングの中で耳にした若手職員のぼやきを紹介します。若手職員に引き継がれる負の連鎖は、女性管理職の愚痴の「原因」を改善しなければ断ち切れません。

「うちの女性上司が、女性幹部は所詮お飾りで意見を求められていないとかよく愚痴ってる。もしかしたらそういうすり込みで、『うちら女が何言っても最後は損しかないんでしょ、じゃあやりたくないよ』って思い込んじゃってるのかも」（20代後半・職員）

「女性活躍」に違和感があるなら、その理由を紐解いてみよう

さて、ここまでA市の事例を中心に「法整備は進んでも、それに対して説明がつく形で性別分業が強固に残る状況」をみてきました。こうした偏りは、女性公務員が働くうえでの困難さを招いている要因の一つです。こういった状況は当事者であれば日々感じ取れるので、女性が自ら昇進を選ばない要因にもなっていると考えられます。

一方、「そもそも、女性活躍ってどうして必要なの？」と思う人もいるでしょう。「ご時世的に女性は管理職には向いてないとは言いづらいけど、女性が持って生まれた資質が今の社会構造に反映された結果では？　しかも、女性は最後まで責任を持たなくていい社会構造なら、お得なんじゃないの？」。そんな本音もあるでしょう。

そこで2章では、世界や日本で、**女性労働にはどういった歴史があり、どのような考え方が示されてきたか**を、疑問に答える形でまとめていきます。

Q

女性管理職が少ないのは、女性自身の「選択」によるものなのでは？

女性活躍推進の話題を見ていると、当の女性本人にやる気がないのを社会構造のせいだと責任転嫁しようとしていると感じる。女性でも差別を感じていない人はいる。職場で明るくふるまい、共感と協力で女性ならではの気配りをしつつ、男性と同じようにバリバリ働き、子育ても両立している女性もいる。それができない女性、しようとしない「選択」をしている女性が圧倒的に多いことが問題ではないのか。

40代 課長 男性

A

男性も女性も、社会の諸条件が入り組んだ「ジェンダー規範」に選択を縛られている。

私たちは規範が影響してつくられた社会構造の中で生きている

この疑問には、**①「共感と協力」は女性の得意とする能力であり、②仕事と子育ては女性が両立させるべきものという大前提がある**と窺えます。

こういった「男性と女性がどのようにあるべきで、どう行動し、どのような外見をすべきか、という考え」を「ジェンダー規範」といいます（国連女性機関HPより）。同HPでは規範とは「ある特定の時代の一点における、ある特定の社会やコミュニティが容認しているジェンダーの属性や特徴のこと」で「ジェンダー・アイデンティティは一般的に従う基準や社会的な期待」でもあり「ジェンダー規範は人生の中で内面化され、ジェンダーの社会化及びステレオタイプ化のライフサイクルを定着」させると説明しています。働き方や家庭での役割その他すべてといっていい場面で、私たちは日本のジェンダー規範の縛りがある中で「選択」しているのです。

シカゴ大学の山口一男教授が、2021年の東北大学シンポジウムで、2014年に内閣府が行った「女性の活躍推進に関する世論調査」での「男性も家事育児をすることは、当然である」との設問に対し、男性が賛成した割合はすべての年代で女性が賛成した割合を上回り、特に年代が若いほど男性の賛成者は多く、女性の賛成者は少なかったことについて、興味深い考察をしています。**男性側は「家事育児をすることは当然と思っている男性だと思われたい」との意識が働き、女性は「男性に家事育児を当然に求める女性と思われたくない」**との意識が働いたためである、というのです。

「この結果だけで断言できないだろう」と思うでしょうか？　実は同じ調査でこの設問に関連し、「男性も家事育児をすることは子どもに良い影響を与えるか」と、別の聞き方をしているものがあります。これに対しては、すべての年代で女性の賛成者割合が男性を上回り、20～30代で最も男女の賛成者割合の開きが大きかったのです。

これは**「男性・女性としてこういう人間と思われたい」と社会で求められるジェンダー像への適応を意識すると、本来の考えが歪んだ形でアウトプットされる**事例として紹介されました。ジェンダーに限りませんが、人為的に作り上げられた規範に影響され構築された社会構造の中で、私たちが生きていることを示すわかりやすい例です。

では、こうした規範がどのように世界や日本で成り立ってきたかをみていきます。

現在の性別役割分担は産業革命から始まった

原始時代から、「男性＝狩猟者」「女性＝採集者」という性別による能力差に見合った役割分担があり、男性の狩猟活動がきわめて重要だったとする学説がありました。この男性の行動を重視し女性の貢献を過小評価する解釈に異を唱え、狩猟よりも安定的に生活を支えていたのは女性たちであるという議論があります［ペレス２０１９］。もっとも、近年では狩猟者の30～50％は女性だったとする研究も発表されています［Haas ２０２０］が、いずれにしろ、性別による役割分担は、原始時代から家父長的なプレッシャーとともに世界共通で存在し始めたと考えられています。

現在の社会では、どの行為を誰がやるかという性別役割分担は国によって違いがありますが、大枠では産業革命が暮らしを変えたことによる影響が大きいといわれています。産業革命前、人類は主に家の周辺で農業・漁業や家内制手工業で生計を立てており、働く場と生活の場が同一で、料理、洗濯、掃除も凝っておらず、現在のような家事もありませんでした。それが産業化以降は、設備と作業者を一か所に集め工場で生産するようになり、男性が外で労働、女性は家で家事という役割が生まれました。

20世紀に入ってからも、世界的に雇用制度は労働市場から女性を排除しながら運用されていましたが、1970年代になると、欧米では分析や議論の深まりとともに女性雇用が進行しました。結果、1975年国際連合主催の「第1回世界女性会議」などにつながり、各国で性別による雇用差別克服政策が展開されました。

日本も変わってきているが、世界はもっと早く変わっている

日本の女性雇用は、国際比較の観点から、1970年以降の変化が微弱なのが特徴です。図表6の「日本のジェンダーギャップ指数総合ランクの推移」をみると、2006年の80位から2021年の120位へと徐々に順位

図表6　日本のジェンダーギャップ指数総合ランクの推移

年	総合ランク	調査国数
2022	116	146
2021	120	156
2020	121	153
2018	110	149
2017	114	144
2016	111	144
2015	101	145
2014	104	142
2013	105	136
2012	101	135
2011	98	135
2010	94	134
2009	101	134
2008	98	130
2007	91	128
2006	80	115

（出所）世界経済フォーラム「Global Gender Gap Report2022」

を下げています。2022年は上がったようにみえますが、調査国が前年より10少ないので、実質は順位を下げました。日本も少しずつ管理職女性比率や労働力率が上がり、年齢別就業率の形状（M字カーブ）もフラットになってきていますが、他国の改善スピードが日本を上回っています［内閣府2021ほか］。

労働力率に表れる「女性の役割の革命」

図表7では、1970年代から2000年代までの年齢別女性労働力率の変遷を8か国で比較した調査を抜き出しています。労働力率は雇用制度や社会規範が大きく影響するので、国ごとに労働力率の「型」があります。図表をみると、この型が大きく変わらずに各世代の労働力率が上がっている国が多いことがわかります。しかし、ノルウェー、フランス、英国などは「型」自体が変わっています。ノルウェーの女性たちは、1970年代には日本の女性よりも家庭に入っていたのが型が変わった、つまり、労働市場に女性が参加しやすくなったということです。この変化が起こった国の背景には、「女性の役割の革命」があるといわれています。現代の問題を「子どもを

図表７　各国年齢階級別女性労働力率

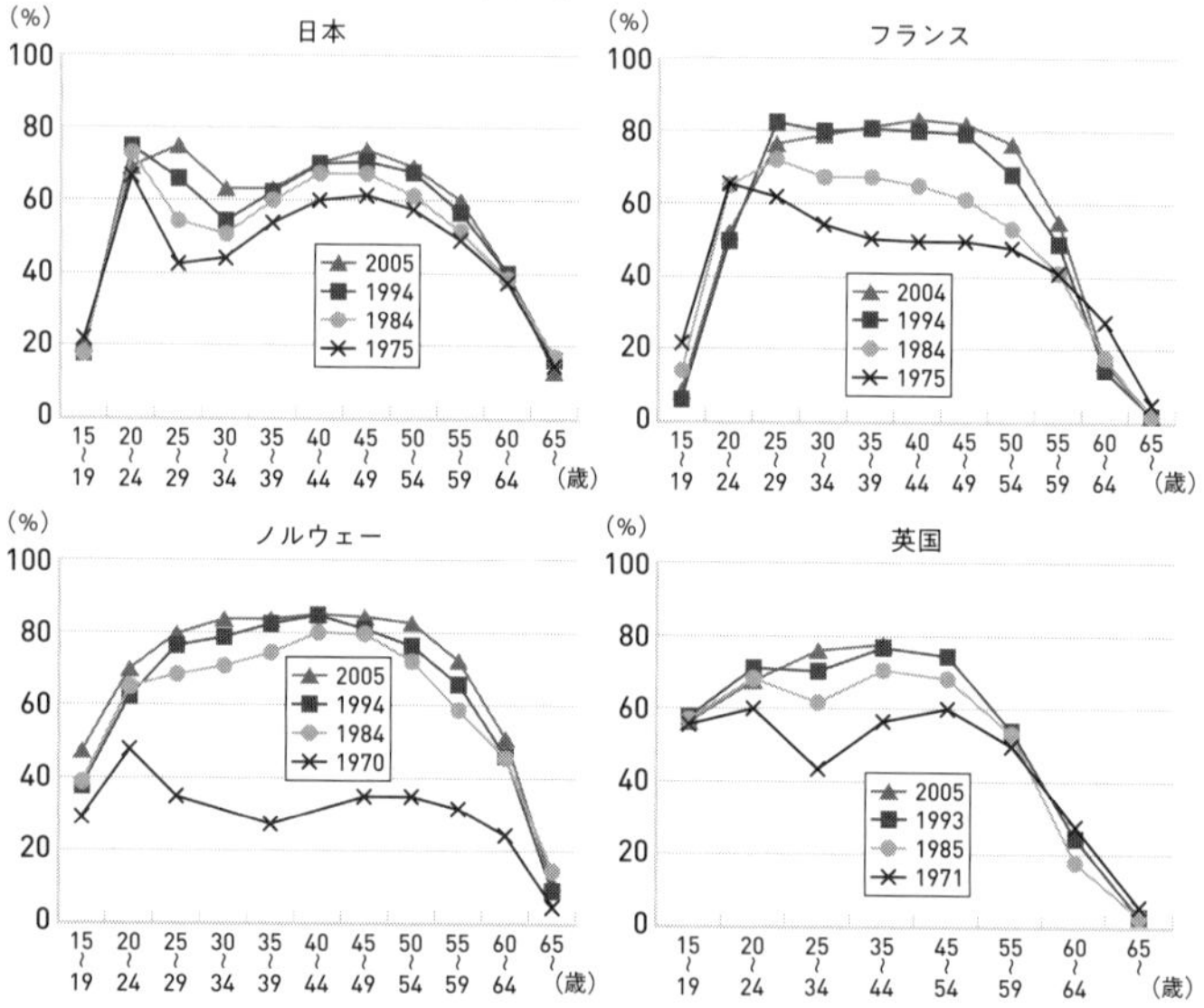

（出所）内閣府「平成19年男女共同参画白書」

持ちたい女性が自分の仕事を犠牲にしないことをいかに保証するか」に設定し、雇用制度や社会保障制度を整備することで、ジェンダー規範が変わり、女性自身の「選択」が変わったというのです［以上、エスピン＝アンデルセン２０１１・２０２２］。

Q クビにならないなら、頑張らなくていいのでは？

企業で働く女性は歳を取るだけでいづらくなるし、男性だって成果を上げ続けなければいづらくなる。それに比べて地方公務員の業務は多種多様で、その中には自分に合った気楽な仕事があるはず。週5日間1日7時間45分、それなりに時間を過ごして年収数百万円が手に入るなんて、こんな勝ち組はそうそういない。子育てだってあるんだし、たいへんな仕事を任せられないのはむしろラッキーなのでは？

40代 課長 男性

A 経済的な自立が達成できれば仕事の中身は問わない、という人ばかりではない。

人間の本質は怠惰で、お金があれば誰も働かなくなるのか

「女性が労働市場に出ることがそんなにいいことなの？」「夫が稼いだお金で昼間ママ友と遊びに出かけられる、そんな社会のほうがよいのでは？」と思う方もいるかもしれません。標題の疑問によると、女性が「気楽な仕事をする」「それなりに勤務時間を過ごす」という状況は歓迎すべきことのようです。しかし、現状の自治体では次のような女性職員の声があることも確かです。

「今更の後悔は、一生懸命やりたいと思う仕事に就かなかったことです。若いときはそれがその後にどう影響するかわからなかった。やりたいことより安定した職業を選んでしまった。もちろん、今の仕事も市民生活が回るために大切な仕事です。でも全く熱が上がらない。それでも休暇と給料を十分頂けるので文句はないです」（40代前半・主任）

要は、働くことで自尊心を下げているケースです。後で詳しく触れますが、この傾向は昇進しない一般事務職において顕著です。もちろん、賃金がもらえるのは労働の

大切な要素です。しかし労働者にとって、仕事に価値を感じられない状態でお金がもらえることは不十分どころか精神衛生上もよくないことが、『ブルシット・ジョブ——クソどうでもいい仕事の理論』（デヴィット・グレーバー、岩波書店、２０２０年）など数多の先行研究で書かれていました。私も肌身で感じているところです。

ただここで、日本の女性正規地方公務員は、仕事と子育てを両立しやすく、制度に庇護されたとても恵まれた存在であることを改めて強調しておきます。とはいえ、昇進していく女性職員は、昇進する男性職員と同様の長時間労働を行うことがほとんどですので、仕事と家事の両立が困難な時期があります。また、昇進しない女性職員は、両立こそさせやすいものの仕事でくすぶりやすい傾向があるということです。

私は、この**恵まれた立場の女性たちが、得意なことで世の中に関わったり、仕事でも社会の一員としての充実感を得られたりすることが、社会全体にプラスになる**と考えているため、女性正規地方公務員が組織の内外で真っ当に「活躍」する喫緊性を確信しています。社会の一員として、この社会をそれぞれが考える「良い方向」へ一緒に動かし、つくっているという感覚が、「働く」うえで彼女たちに必要です。

Q

「女性が女性が」と言うが、何を達成しようとしているの？

家庭でのケア役割の比重も女性寄りなのは変わらないし、職場では女性ならではの気づきをと言いつつ、影響力は最小限にとどめる配置だし、「わきまえて」圧も感じる。「女性活躍」の軸はどこにあるんだろう。管理職女性比率30%、出生率アップ、それらすべてを同時に達成できる画期的な策が進行中のようにもみえないし、表面的な対処策では、これ以上変えられないのでは。

40代 係長 女性

A

「建前」は難敵だが、限界ではない。「建前のその先」の議論をしよう。

意識は変化したが、実態に反映されていない

標題の疑問は、**「あれこれ目標や理想像を掲げているわりには、それを本気で実現する策を立てていない」**と日本の状況を看破しています。要は、従来の家族観での役割を守る制度が併行して維持されつつ、最大限女性に労働市場に出てもらおうというのが「女性活躍」の前提としてあるため、女性雇用問題の根幹に切り込めないのでしょう。いろいろな意見に配慮すると「策を立てられない」のかもしれません。

ともかく、世論が高まれば、その状態に向かう制度はつくりやすくなるはずです。内閣府「男女共同参画社会に関する世論調査」から、「夫は外で働き、妻は家庭を守るべきである」の1979年と2019年の経年変化では、「(どちらかというと）賛成」は男女ともに約40ポイント減、「(どちらかというと）反対」は男女ともに約40ポイント増となっています。「建前で回答が変化する」（P50）こともありますが、「建前でも反対と言っておこう」くらいには日本人の意識が変化しているようです。

一方で、「M字カーブ」（P53・54）は、平成25年男女共同参画白書によると「結婚

出産前後での就業率が増えると同時に、結婚や出産による退職が減っており、かつ、結婚や出産による退職が高年齢化」といった変化はありますが、基本形は変わっていません。元データの総務省統計局「労働力調査」の対象は、非正規職員など短い労働時間の人が含まれているにも関わらずです。また、管理職女性比率・高学歴女性の就業率の低さや賃金格差・平均勤続年数格差などの変化はゆっくりです。

意識は変化しているのに、社会構造への反映が薄いのはなぜでしょう。それは、**「夫は外で働き、妻は家庭を守るべき」から抜け出せない雇用のしくみ**が根強いからです。次項では、『雇用システム論』（佐口和郎、有斐閣、2018年）での整理を紹介します。

日本的雇用システムの問題点と自治体の女性雇用促進の可能性

日本的雇用システムの特徴の一つめは「正規雇用のメリットを最大限活かす」ため、**「正規雇用者は長時間労働になりがち」**という点です。日本の正規雇用者の賃金は「仕事の内容ではなく本人の能力に紐づく」ことになっています。職務内容の範囲が明確に定められていないことは、裏を返せば「全方位的な対応ができる」ことが「能力」

に含まれるということです。正規職員には、発生するさまざまな事象への柔軟な対応が求められ、この**「柔軟性」にはいつでも時間外勤務をできることも含まれます**。

特徴の二つめは、**「正規雇用を維持するため女性雇用と非正規雇用がバッファ機能を果たし、周辺化する」**点です。バッファ機能とは、なんらかの理由で人手が不足したときに補充したり、逆に足りてきたらそこから削ったりするなどの調整弁機能のことです。つまり、男性の長時間勤務が軸となり、女性・非正規雇用者は業務配分の調整やサポートの役割といった周辺的な働き方をします。さらに、女性は家庭で主に家事育児を受け持つという形で、夫婦ワンセットで役割分担をすると、配偶者控除や国民年金保険料の被扶養者自己負担なしなどの特典が付き、役割分担の維持が促されています。

2022年10月から育休の分割取得ができるようになるなど、育児・介護休業法が改正されました。女性の長期間にわたるキャリア中断を防ぎ、女性活躍に結びつける意図だそうですが、こうした日本的雇用システムの枠組み自体が見直されない限り、男性のわずかな育休期間が終われば、再び女性へ家事育児の負担が偏るでしょう。

長時間労働が中心軸の雇用システムでは、1日の大半を仕事に費やせる人に光が当たり、長時間労働ができない人は周辺化します。多様な人が活躍できる社会にといいながら、長時間働けない人たちにお鉢は回ってこず、長時間勤務できる人にとっても心身の健康に良いとはいえない雇用のしくみが日本社会の軸になっています。

男性も女性も働きやすく、生活の質を上げるにはどのような制度があればよいのかといった議論をする際に、「これこれの制度があるからきちんと目標に向かって進んでいますよ」といった**「建前」に終始すると、議論はストップしたまま**です。「日本に必要な状態」がどういうものかさまざまな意見があるのはわかりますが、だからといって現状の建前社会から踏み出せなければ、世界に比べて「微弱な変化」にとどまり、誰もが精神的にも豊かに暮らせることはもちろん、女性活躍の第一目標のようにみえる「経済成長」ですら、これといった成果が得られないでしょう。

国も自治体も、一体、誰が何に基づいて方向性を決めていっているのでしょうか。そして、その**意思決定の仕方は、どのようにあるのが望ましいでしょうか**。私は、一公務員として周りをみていて、その点に最も疑問や問題意識を感じています。

なぜ「今」、女性の昇進を考えるのか？

「日勤救急隊制度」導入にみる議論の大切さ

ここまで、女性が昇進を選択しづらい社会構造や、建前で表面的に制度を変えても、本質的な変革には結びつきづらいことをみてきました。このように変革しにくい社会構造を、なぜ苦労して変える必要があるのでしょうか。

私はこれまでに、アンケート調査も含めて300人ほどの地方公務員に話を伺ってきました。その中でも、組織の方向性を考え議論して決める、**意思決定の場に女性職員がいることで、その結果が変わったと思われる事例**は特に興味深く聞いています。

ここで、某消防本部での「日勤救急隊制度」創設のエピソードを紹介します。救急救命士は、継続的に救急業務に従事しないと維持できない資格です。救急隊の勤務時間は24時間単位のため、子育てで日勤の時間帯しか働くことのできない女性消防士は、救急救命士の資格を活用できず救急隊に戻れないのが慣例でした。これに対して、4

人の女性消防士が日勤の時間帯だけでも救急隊で働ける制度の導入を提案しました。隊全員が24時間ごとに入れ替わるほうがマネジメントは容易なので、当直部署の管理職たちは当初反対しましたが、税金を投じた市民の共有財産である資格を活用できないのは市民の不利益という考え方で、最終的には制度化できました。なお、取材した女性職員は、**一人で意見してもきっと通らなかっただろう**との感想をお持ちでした。

このケースでは、たとえ制度導入が実現しなかったとしても議論できたことが重要であったと思います。「制度導入による組織の負担は？」「逆に制度がない場合のリスクは？」「資格を育児という役割分担から失う女性職員のモチベーション低下をどうカバーするのか？」等々の論点は、専業主婦またはパート勤務の配偶者を持つ男性職員だけによる意思決定では、日の目をみなかったのではないでしょうか。

同質性に縛られた行政運営がこぼれ落ちる視点を拾う

一方で、人員に余裕のない組織体制では、そのような議論自体が無駄で、スピーディーな意思決定を妨げ、生産性が低下するという意見もあります。これに対する私の反論は、**「男性が多数を占めるという同質性ゆえに気づけないバイアス（偏見）が行政運営上反映されている可能性があり、それは多様な市民にとって不利益」**ということです。

自治体運営は、①首長が条例、計画、予算等の案を作って議会に提案し、②議会の審議・議決を経て、③首長が市民サービスを行うという流れです。議会に諮る案は、自治体職員が首長の意向を確認しながら庁内外のさまざまな立場の意見を総合的に検討して作り上げますが、この「案」に職員自身の知見や意見が大きな影響を与えます。

また、国は法律や補助金事業などの大枠は決めますが、細かい運用は自治体の裁量に任せます。自治体運営は、着実に社会の物質的・精神的基盤を作り続けているのです。もちろん議会、市民、企業、学識者の意見も検討されますが、議論のもととなる案を作る職員たちも同質性に縛られず、それぞれの視点で意見交換をして、事業案や方向性が形作られることが望ましいでしょう。議会の議席や候補者を性別で割り当てる「クオータ制」の意義も、議論の「多視点」を確保するところにあります。

直近で最も「多視点」での行政運営の必要性を感じたのは、新型コロナウイルス感染症への対応です。例えば、保育所等での濃厚接触者特定の取扱いや臨時休園の基準は、自治体判断となりました。組織の中で影響力の強い職員による個別の打合せでおおよその素案ができ、その後、公の会議や首長が同席する場などにおいて、組織として決定を行う意思決定過程において、**「影響力の強い職員」の大半が、専業主婦またはパート就業もしくは同業者である公務員の妻を持つ男性**なのです。専門職である保育士は女性が大半ですが、子どもへの感染リスクからの視点が強くなります。こういった環境下では、「できるだけ休園せずに保育所を開けてほしい」といった、非正規など雇用身分の不安定な母親の視点からの議論がされづらい状況が生まれてしまいました。したがって、臨時休園や濃厚接触者の特定といった判断が厳格すぎた自治体もあった可能性が考えられます。

現在、社会的位置づけが異なるすべての人にとって生きやすい地域づくりを目標に掲げる自治体は多いです。**この目標を「本気で」実現するのなら、まずは女性管理職を育てるべき**です。過渡期のため、しばらくは男性主流派と同質性の高い女性管理職が生み出されるでしょうが、行政の意思決定過程でさまざまな論点からの議論や検証につなげ、仕事の進め方や働き方に一石を投じることは、重要な意味を持ちます。

3章

女性の立場で「女性活躍」のモヤモヤと対話しよう

昇進するメリット、
聞いたことないです。
面倒だから
嫌なだけ

「定年まで主任」に
どんなデメリットが
あるの？

「家庭優先」で
公務員になったから
昇進したくないのが本音

ジェンダーが個人に与える影響を考える

女性公務員はどのような文脈に置かれているのか

1章では、①自治体で男女間の職務配置に偏りがあり、管理職のスキル形成に影響がある、②管理職女性比率が高い自治体は「支庁」に女性管理職を配属している、③キャリアパスの男女差は現在変容局面にある、といった状況をみてきました。2章では、組織での女性登用を疑問視する声に対し、①制度や規範などの社会的要因が個人の選択や行動に影響を与える、②性別役割分担の歴史、③女性が意思決定過程に入ることの意義などを、研究の蓄積から説明しました。こうした社会に偏在する事象を整理・分析・考察すると、これまでみえていなかった景色に気づきます。

変えられない大前提と思っていたり、そもそも気づいていなかったりした性別での役割分担や、**日常生活のベースを規定している制度や規範は、必ずしも「当たり前」で「動**

かせない」わけではないということです。それ以前に、一見中立的にみえる社会のルールが、個人の生き方や働き方に偏ったレールを引いている側面もあります。性別に代表される「自分では変えられない属性」によって引き起こされる理不尽が「もうない」と思っている方が、世の中には女性にも多くいることを研究していてよく感じます。理不尽にこだわっているようにみえると「ウケ」が悪く生きづらくなると直感しているのか、社会構造に適応しすぎてみえていないのかもしれません。

「個人の意見でしょ」で終わらせないで

いずれにしろ、一部の方に「ウケが非常によくない」のは承知で、この本ではあえて「わずかでもよい方向に変化してるしこの調子で頑張ろう！」とサラッとは終わらせず、**自治体におけるジェンダー問題が、働く職員にどういう影響を及ぼしているかを凝視**していきます。3章では、これまで私が取材した女性職員の声（自治体組織・プライベート・社会全般に対する疑問や悩みや怒り等）を紹介します。現状に肯定的な見方も否定的な見方も踏まえて、それらの声の理由を一緒に考えてみましょう。

データから存在がみえない「滞留する女性たち」の本音

女性地方公務員の80％を占める「職員・主任」

女性管理職は官民問わず少数派です。日本では、男女間の勤続年数格差は大きく（図表8）、人的資本の蓄積が高いはずの大卒女性の勤続年数は、高卒女性よりも短い傾向です（図表9）。一方、地方公務員の場合、昇進を考えなければ、子育てと仕事を両立しやすく、「昇進せずに主任※で働き続ける」との選択肢があります。そのため、年齢別の職員分布では年齢によって大きなばらつきはみられません（図表10）。

※主任は職員級の一つ上位の職位として設定され、昇任試験を要さない自治体が多いが、近年、試験実施の自治体もある。

総務省「平成30年4月1日地方公務員給与実態調査結果」から、すべての政令市一般行政職の職員・主任率を計算したところ（職員と主任は合算値）、女性職員総数に占める女性職員・主任の割合は80％、男性の場合は約55％でした。20〜30代で職員・

図表８　平均勤続年数（性別、経年比較、国際比較）

（単位：年）

	2007年		2019年	
	男性	女性	男性	女性
日本	13.4	8.7	13.5	9.4
アメリカ	7.9	6.8	4.3	4
イギリス	8.9	6.7	8.1	7.8
ドイツ	10.6	8.5	10.9	10.1
スウェーデン	10.7	10.4	8.2	8.5
韓国	6.8	4.3	7	4.6

（出所）労働政策研究・研修機構「データブック国際労働比較2007・2019」
（注）日本の2019勤続年数は短時間労働者を除く。

図表９　女性の平均勤続年数の推移（学歴別）

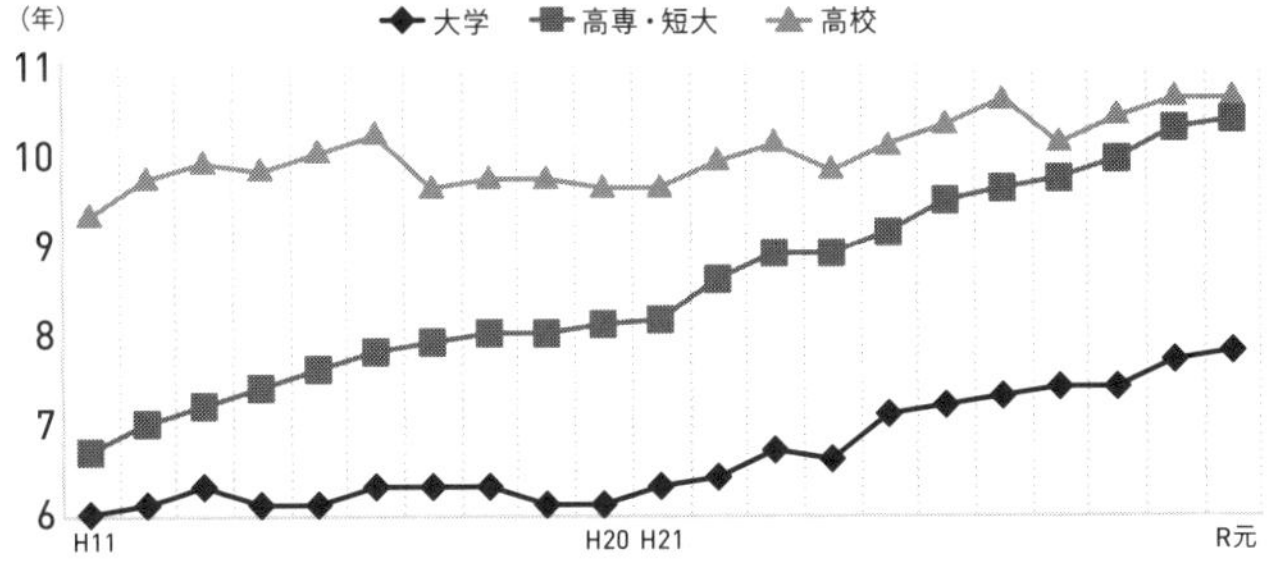

（出所）厚生労働省「賃金構造基本統計調査」

図表10　全地方公共団体の職員数（性別）

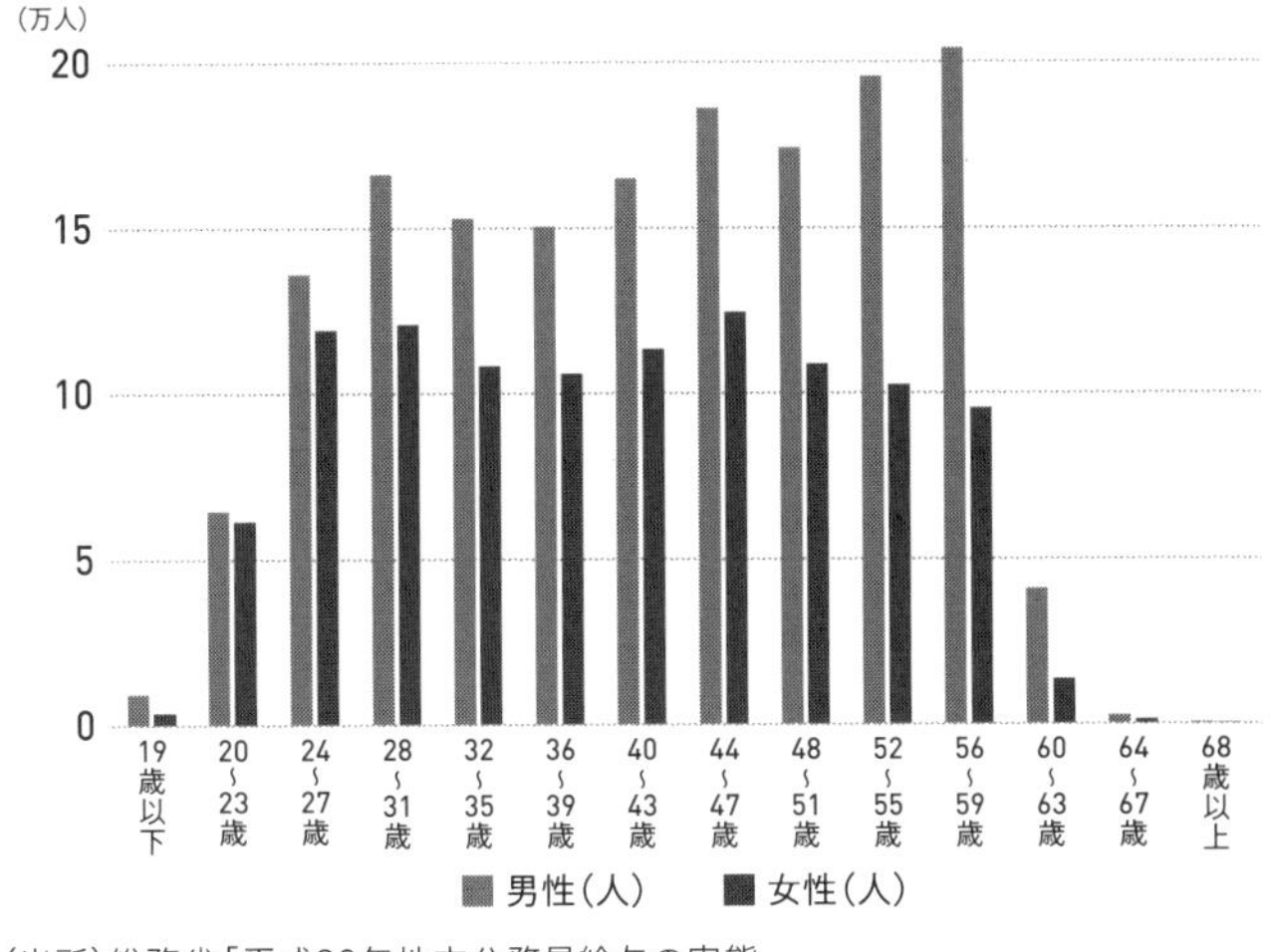

（出所）総務省「平成30年地方公務員給与の実態」

主任であるのと、40～50代で職員・主任であるのとでは、担当する業務や仕事に対するモチベーションは異なると考えられます。男性のほうが職員数は多いので、職員・主任の人数も多いのですが、年齢分布は国の公表データからはつかめません。

「地方公務員全体」という母集団からサンプルを抽出した結果ではありませんが、私がSNS上で実施した「公務員のビジョンに関する調査」（図表11）では、地方公務員93名からの回答を得た中で、**40～50代の女性主任が13名に対し、同世代の男性主任は0人で、男女差に特徴のある分布**でした。この調査からは、昇進しない選択をする「滞留する女性」は、仕事を割り切っている反面、自己肯定感の低さや、貢献したい欲求も持ち合わせている（主に一般事務職）ことなどがわかってきました（P78参照）。

図表11　公務員のビジョンに関する調査　回答者の属性

（単位：人）

職位	
職員	17
主任	25
係長級	34
課長級	11
局部長級	6
合計	93

性別	年齢（代） 20～30	40～50
男性	6	0
女性	9	2
男性	6	0
女性	6	13
男性	3	17
女性	1	13
男性	0	8
女性	0	3
男性	0	2
女性	0	4
男性	15	27
女性	16	35
合計	31	62

（出所）著者調べ。（注）地方公務員のみのデータ。

Q

「家庭優先」が目的で公務員になったから昇進したくないのが本音では？

女性職員の働き方は大別すると「仕事が好きで（仕事をする自分も好きで）働いている人」と、「生活のため割り切って働いている人」の2種類。感覚的には後者のほうが多い。それは家庭を優先せざるを得ない女性が多いからだと思う。

40代 係長 女性

公務員は比較的休暇の制度を利用しやすい。解雇が基本ないため、育休をとってもマタハラで辞めさせられたということは少ないだろう。

30代 職員 女性

A

無償労働（アンペイド・ワーク）が女性に偏っていることにまず疑問を持とう。

日本は女性への無償労働の偏りが大きい

役所は、昇進しなくても職員級のまま定年まで働き続けることが企業に比べて比較的容易で、一定年齢までは昇給し続ける稀有な職場です。企業では長時間労働や転勤ができないと職場にいづらいかもしれませんが、役所は定時であがれる職場もあり、産休育休も取得しやすく、家事育児と仕事の両立は企業に比べればはるかにしやすいでしょう。しかし、女性が家事育児と仕事を天秤にかけなければ両立できないという問題は、そもそも**家事や育児など無償労働を女性が多く担うのが前提である**ことにあります。

図表12をみると、日本は諸外国と比べて日常生活での無償労働は女性に偏っています。諸外国も以前は、職場は男性、家庭は女性という役割分担が明確でしたが、その差は縮まってきました。**共働きを促進するために、男女が分担する無償・有償の労働時間の差を縮める取組を行ってきた**からです。これがP53で書いた「女性の役割の革命」を実現する施策です。国によって「革命」のスピード感には差がありますが、日本は特

図表12　男女別に見た生活時間（週全体平均）（１日当たり、国際比較）

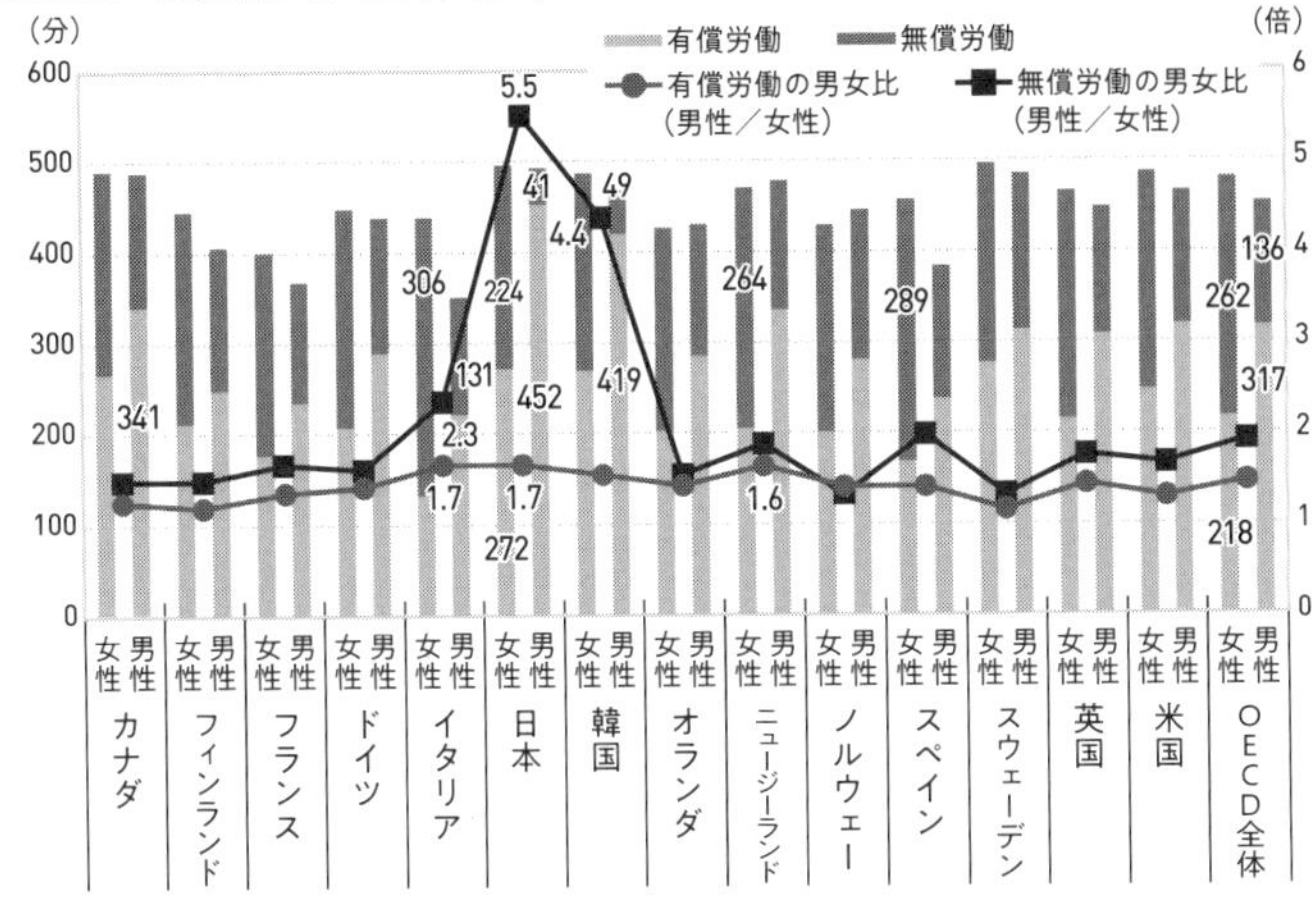

（出所）内閣府「男女共同参画白書　令和２年版」OECD Balancing paid work, unpaid work and leisure (2020) をもとに、内閣府男女共同参画局にて作成。
（注）調査は、2009年～2018年の間に実施している。

に現在までの変化が微弱で、偏りが継続しています（P54参照）。このような**プライベートでの性別役割分担が、雇用の場での性別分業（職業の選択も含む）に影響を与えている**のです。

日本では現実問題として、無償労働が女性に偏る「しくみ」が張り巡らされています（2章参照）。無償労働を優先したい女性がそうしやすい職業を選択することは合理的です。ですが、一歩立ち止まって、**「そもそも家事育児介護が社会的に女性に偏っているから、私も家事育児介護を優先したんだな」**と考えてみるのは大事です。「もし家事育児介護がなければ、どういう仕事をしていたか」を想像するのは、その後それらが**ひと段落した後の自分のキャリアを考える際に**

役立つからです。現在の日本では、特に育児が落ち着いたときに仕事にどれほどの比重で向き合うか、出産前から女性は考えておく必要にせまられます。一つの組織で長年にわたり勤務する場合は**育児期間中のキャリアをどのようにつくるかがその後のキャリアへ非常に大きく影響するから**です。無償ケア労働を家庭内の女性が一人で背負い込まない施策で効果を上げるＥＵ・北欧諸国では、一定程度この状況は変化してきている［エスピン＝アンデルセン２０１１・２０２２］ので変えられるはずですが、現実問題、日本では家庭での無償労働を従来の規範どおりのレベルで担うと、社会でのキャリア形成の時間がとりづらくなります。

「仕事」をやりたい場合に問題なのは、**キャリア中断期間のブランクを取り戻す実質的な策がなく、結局「本人次第」**という点です。ブランクを取り戻すには、産休・育休等からの職場復帰後すぐスキル形成がしやすい業務（Ｐ27参照）につくことが近道ですが、そうした職場は長時間労働や、不測の事態にいつでも対応できる状態が求められることが多いです。したがって、比重の偏った家事育児を継続しながら長時間労働もこなすことになり、**「個人の不屈の意志と体力」**が必要になってしまうのです。

Q

給与のために仕事をしている人も多いだろうし、現状維持でいいのでは？

昔は上昇志向が強かったが、マウンティングの取り合いや、上司の意向で右往左往がばからしくなった。自分で何かやりたいと思ったら役所外でやりたい。

40代 主任 女性

本当は仕事で自分の存在価値を出していきたい。しかし、仕事に生きがいや意欲を求めるのをあきらめている。無知で言うことを聞く若い時期（20代）に雑用をやらせ、30代は子育て。自信も体力もなくなった時期（40代前後）になって昇進を迫り、不安なので断るとやる気がないと言って陰口をたたく。

40代 主任 女性

A

くすぶりつつも「何かの役に立ちたい」女性主任を応援するしくみが必要。

女性職員の8割を占める職員級はどこにモチベーションを見出すのか

正規職員全員分の役職はないので、必ず昇進しない層が出てきます。**その層として特徴的なのが「女性主任」**です。公表データがないので職員録でみたところと、私が実施した「公務員のビジョンに関する調査」でも差が出ています（P72参照）。

この「ビジョン調査」では、93名中15人が40～50代の職員級女性でした。まず、10年後のビジョン（こうなっていたい、やりたいこと）は、①「退職」4人、②「役所外での活動」4人、③「趣味」「家事」「ゆっくり生きる」など5人、「まだ明確ではない」2人。このうち、「早期退職」は3人で、うち1人は、「好きなことで生計を立てる」との回答でした。また、「子どもたちに関わり社会貢献」2人、「本当に人の役に立ちたい」1人、「自分のやりたいことで稼ぐ」1人と、役所をやめるかどうかは別として、「自分の関心のあることを中心に生きて役に立ちたい」人が5人いました。

次に、組織で働くうえで最大のモチベーションは、①「収入を得る手段」6人、②「現在の業務への熱意」4人、③「組織への帰属感」3人、④「その他」として「人間関係・職場の雰囲気」「組織、地域活動以外のサードプレイス」でした。9人が、所属する場所で役立ちたい気持ちがモチベーションと回答したのです。

「滞留する女性」というと、仕事に積極的ではない印象を持つかもしれませんが、実際は**「世の中に役立つことをしたい」「仕事で自分の存在価値を見出したい」**と、**自分の能力を活かして社会に貢献したい**と思っている人もいます。「組織では賞味期限切れで、任される業務と給与が見合っていない。だから早期退職して役所外で頑張って」という論調も耳にしますが、そもそも滞留することになったのは無償労働によるキャリア中断に起因するケースもあります。ともかく、個々人が役所の中でも外でも、人生の選択肢を増やせるしくみが必要です（6章参照）。なお、以上の傾向は長年類似の事務処理をする一般事務職の女性に顕著です。専門職の女性には現場で働き続けるために、あえて昇進を選ばないケースもみられます。また、この職員級女性たちがいなければ回らない現場があるという話はヒアリングでよく聞くところです。職員級女性たちが昇進を選ばずにいることでなんとか踏ん張っている職場が多くあることを踏まえて、地方公務員の給与構造を議論する必要もあります。

Q

定年まで主任でいるつもりだけど、そのメリット・デメリットは何？

年をとっても主任のままの人は、若い係長と給料があまり変わらずにソコソコ貰えるし、重責も負わないので楽、という意識はあると思います。

40代 主任 女性

年をとるにつれて、新しい仕事を一から覚えるのが大変になってきた。

40代 主任 女性

昇進しなかったら、50代になって、子どもと同じ年頃の職員と同じ仕事をすることになりますが、大丈夫ですか？ 55歳と28歳が同じ仕事です。

50代 部長 女性

A

社会に対して「役立つ」と思うアプローチができれば、主任のままでも結果オーライ。

メリットは気楽さ、デメリットは職員級の仕事をやり続けること

定年まで主任でいることのメリットは、比較的気楽でありながら、月例給が改定で下がらない限り、年功賃金制度により40歳代以降も毎年昇給し続けることです。「ソコソコ貰えて重責は負わないので楽」です。一方デメリットは、①加齢で集中力、視力、記憶力が低下する中、細かい事務処理を最後まで行い続ける、②もしそれまで経験のなかった仕事に回された場合、苦労は免れない、③若い職員と同じ仕事をし続けることで自己肯定感が下がる可能性がある、④長期療養者や育休を取得する職員が多数配置される職場に異動する可能性が高まる、⑤④の場合、雑務の負担・責任を一身に背負うといった可能性も考えられる、などが考えられます。

一つ何かが崩れると、かなり苦しい立場に追い込まれそうです。経験や知識の幅が狭く汎用性を獲得しづらい、細々とした知識を覚えておかなければ実際に作業をこなせないといった職員級の仕事の特性も関係しています。近年は実務を行っている課長も増えたものの、職位が上がっていくごとに、細かな実務が減っていくのが常です。

「周辺」に置かれ続ける女性たち

自分だけは周辺化していないのか？　気づいていないだけなのか？

前項では、多くの女性職員が昇進せずに、職員級の仕事を何十年もし続けている状況をみてきました。そして、「滞留」する職員割合に男女差があるのは、①女性が無償労働を担い、男性が長時間有償労働を行うという性別での役割分担に向かう社会構造や、②その構造のため企業でも自治体でも女性が仕事で成長できる機会が限られること、③現場で働く専門職に女性が多いことが、大きく影響しています。この「滞留する女性」も「周辺化する女性」（Ｐ61参照）の形態の一つです。

しかし、こういう社会構造がある中、**女性でも「一度も女性ならではの不利不遇や男女格差を感じたことがない」という方もいる**のです。この受け止めはどうして起こるのでしょうか。

女性用の役割に甘んじる？　「置かれた場所で咲く」問題

「置かれた場所で咲く」というフレーズがあります。「その場で精いっぱい努力しようという前向きな呼びかけだ」とか、「だましだまし嫌なことに甘んじようとする言葉だ」とか、解釈はさまざまなようです。しかし、個人的には、これからの若い方達にも「置かれた場所」で咲いてほしいとは思えません。**「置かれた人」から自分が置かれた文脈への「疑問」を奪うことに拍車をかけている側面もあるのでは**と懸念しているからです。

言葉そのものを否定しているのではありません。一職員は、人事異動や業務分担に対して基本的に受動的な立場です。この言葉で前向きな気持ちになり、明日も自分の役割を通して学び、社会に還元していこうと、救われる人もいると思います。

とはいえ、**「私はなぜここに置かれているのかをまず考えてみる」「考えて、嫌だ、変わりたいと思ったときに、気軽にチャレンジできる社会をつくる」ことのほうがより重要な**のではと考えています。「置かれた場所」の背後にあるメカニズムは何かを理解し、踏まえたうえで個人としての心がけを考えていきたいのです。何も知らないまま、ただ黙って置かれた場所で咲いてくれと周囲が決めて、受け入れることを美徳としては何も変わりません（押し付けている自覚がないケースも多いでしょう）。

男性のルールで働かざるを得ない私たち

「置かれた場所で咲く」を他人に押し付けることは、変化をあきらめることを強要する考えにもつながるので注意したいものです。

「支配的なグループが自らの目的に沿ってルールをつくる」〔Reskin 1988〕と論じたアメリカの社会学者がいます。この理論によると、異動は人事権を握っている人たち、いわゆる「基幹職員」「主流派」が仕事をしやすくなるよう人材を配置していると説明できます。首長は変わっても主流派は変わらない場合も多くあり、そもそも日本では女性が周辺化するしくみになっています。女性活躍が公約の首長のときに数名登用される可能性があるくらいでしょう。

Q

なぜ女性管理職は、基幹部署にいないのか？

部署により、男女比に大きな偏りがあり、施策にもその歪みがあると感じています。商工、防災、財政、人事等には男性。福利厚生、子育て等には女性。職員同士で結婚し、子育て中の場合には、夫が本庁や事業系部署、妻が出先や非事業系部署。男女のキャリア形成に違いを感じています。

40代 係長 女性

残業あり、休暇なしが当たり前の基幹部署を経験しないと、今までのキャリアを殺してしまうキャリアデザインしかできないんじゃないかとジレンマがすごいあります。

30代 主任 女性

A

「女性用の仕事」と「女性に振らない仕事」があるから。

全国共通の型を持つ？　「女性用の仕事」と「女性に振らない仕事」

1章で、政令市A市の女性幹部職員がどう配置されてきたかを確認しました。全国政令市でも、いまだ「支庁」に女性管理職を配置し、30％目標に近づけようとする傾向があります。これは「女性用の仕事」「女性に振らない仕事」は、全国の自治体に共通の型があるからだと説明しました。さらに、土地利用の変更など利権がからまないレベルの「観光」「広報」「地域振興」など対外的な発信も女性用の仕事に含まれると考えています。P38でみた「ヒューマンサービス系」の仕事もです。

ルールとしてどこにも明示されていないにも関わらず、漠然とした規範で日本中の自治体が貫かれているとすれば、これを説明できる日本の社会構造があるはずです。それらの規範や社会構造をよくよく考察すれば、日本という「国」ではいったい何を優先して何を大切にしようとしているのかがみえてくるでしょう。

「基幹部署」は時間外勤務が多く女性が配置されにくい状況があります（P34参照）。日本の企業で役職者の男女差が何によって決まっているかについて、従業員100人以上の日本企業のホワイトカラー正規雇用者約９０００人の標本を基にした研究があります。この研究によると、課長以上の管理職割合の男女差は、人的資本（学歴、年齢、勤続年数）で説明できる割合が21％、長時間労働が可能かどうかを入れると説明できる割合が18ポイント上がり、全体で39％でした。つまり、**課長以上の管理職割合の男女差は約60％が理由なく性別のみで決まっていた**のです［山口２０１４］。

その配置の理由は「性別」

この結果を踏まえると、今みてきたような「女性用の仕事」というものも、主流派の「効用の最大化」に基づくというより、規範によってただ単に性別で割り振られているケースが大半という可能性が考えられます。

こうした部署や担当業務の「割り振りの差」は「説明できない男女差」［山口２０１４］に基づくもので、結果としてその差が経験として積み重なり、次の配置につながるというサイクルを生んでいるのです。

Q

自治体組織は、女性を本気で育てようという気はあるのだろうか？

財政局に異動し、福祉分野での女性の扱いと全く違うと感じた。丁重に扱われることもあるが、女性を戦力として考えていない感じもあった。

40代 課長補佐 女性

女性は全体として期待されていない、育成される幹部になる対象ではないという点で、自治体で働く女性職員に「働きがいがある」かどうか疑問。

30代 職員 女性

必要とされる業務上の役割を悟り、仕事内容の追究をあきらめる人がいる。

30代 職員 女性

A

ない!?　が、絶望せずにいこう。

実は女性の採用者数も、一般行政職の女性割合も変わっていない

次ページの図表13は、地方公務員（政令市）の採用状況の経年変化がわかります。全職種では2009年からほぼ6対4の割合で男性の採用者数が多く、一般行政職だけだと採用者数の男女比率の差は縮まり、直近のデータでは5・5対4・5となっています。この差の縮小は女性採用者数の増加ではなく、男性採用者数の減少に起因しています。一方、図表14では職員数の女性割合について、全地方公共団体、政令市（全会計）ともに、一般行政職だけ40年前から3割前後を維持しています。

女性管理職比率の伸びは微弱、かつ裁量の少ない役割である傾向と繰り返しお伝えしました。「最近は女性の採用者が増え、これから育成されていく」とも聞きますが、日本全体でみると女性の採用数は増えていません。また、**一般行政職の女性比率は30%を保つ一方、「看護・保健職」「福祉職」の女性割合は高く、ジェンダー化された分業が根強い**です。均等法が1985年に成立して40年ほどたち、すでに人材が育成されるはずの時間が経過していますが、データは目立った変化がない状況を示しています。

図表13　地方公務員の採用状況(政令市)

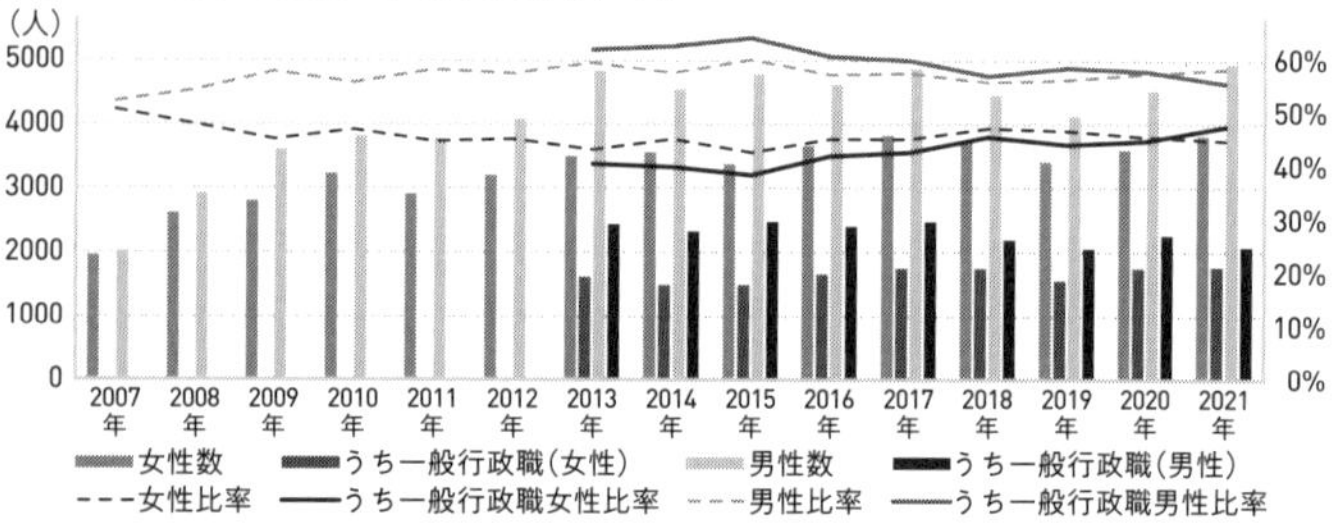

(出所)内閣府「地方公共団体における男女共同参画社会の形成又は女性に関する施策の推進状況(令和３年度)」(令和３年12月２日)

図表14　全地方公共団体職員数・女性割合(職種別)

	1978年		1988年		1998年		2008年		2018年	
	総数(人)	女性割合(%)	総数(人)	女性割合(%)	総数(人)	女性割合(%)	総数(人)	女性割合(%)	総数(人)	女性割合(%)
全職種	3,062,499	33.3	3,212,271	33.8	3,246,280	36.2	2,838,021	35.9	2,738,755	39.6
うち政令市(全会計)					247,993	26.6	242,511	30.5	343,138	41.9
一般職員	1,920,014	32.5	1,984,340	33.1	2,064,204	34.7	1,770,340	35.6	1,624,300	38.2
うち政令市(全会計)					236,171	26.5	231,961	30.2	222,201	34.5
一般行政職	1,001,175	30.8	1,052,738	30.4	1,127,695	31.8	882,697	25.6	850,430	31.0
うち政令市(全会計)					93,105	29.3	88,083	24.8	100,917	33.5
税務職	86,680	17.1	86,669	18.2	85,619	23.9	75,443	27.0	68,716	35.9
うち政令市(全会計)					9,453	23.8	9,597	27.9	9,354	39.4
研究職	17,028	5.9	17,159	7.4	17,954	11.3	14,500	15.8	12,051	23.1
うち政令市(全会計)					729	16.2	567	22.8	443	37.0
医師・歯科医師職	13,878	8.7	19,345	8.6	23,696	11.1	16,797	15.2	10,373	21.0
うち政令市(全会計)					1,701	18.2	1,472	21.8	569	36.9
薬剤師・医療技術職	40,364	47.1	50,148	49.8	58,884	54.3	48,085	58.2	36,918	60.1
うち政令市(全会計)					4,617	44.6	4,662	52.4	4,293	65.9
看護・保健職	96,754	98.3	126,179	98.0	157,637	97.5	119,857	96.3	86,121	93.7
うち政令市(全会計)					12,206	99.2	10,731	97.9	6,959	96.8
福祉職							113,787	92.9	103,174	90.6
うち政令市(全会計)							14,344	92.3	14,045	89.9
消防職	112,102	0.6	129,485	0.5	150,374	0.8	155,621	1.7	160,517	2.8
うち政令市(全会計)					20,506	1.0	24,886	2.2	28,666	3.5
企業職	165,921	12.2	158,505	13.6	156,747	17.2	178,211	37.6	208,813	47.4
うち政令市(全会計)					49,131	8.7	42,930	20.1	35,418	27.5
技能労務職	382,304	42.8	340,898	42.9	282,557	42.2	162,840	36.8	84,896	31.7
うち政令市(全会計)					44,596	31.6	34,589	28.4	21,441	27.1
教育公務員	926,068	41.6	1,000,052	41.9	946,797	47.1	871,909	49.6	849,452	51.5
うち政令市(全会計)					11,818	28.5	10,547	36.8	120,866	55.7
警察職	202,874	1.9	220,393	1.8	229,848	3.5	252,917	5.8	261,653	9.5
うち政令市(全会計)										
臨時職員	13,543	57.7	7,486	65.6	5,431	75.6	2,390	75.2	1,455	72.0
うち政令市(全会計)					4	50.0	3	0	71	57.7

(出所)総務省「平成30年地方公務員給与の実態」

周辺化される社会のしくみにつぶされないで

全国の自治体職員へのヒアリングでは、**「女性は全体として期待されていない。育成され幹部となる対象になっていない」**と見抜く女性たちもいます。先輩をみて気づくケースも多く、女性が自治体で働くこと＝「①働きがいはない」と思うようになることもあります。同様に周辺化を自覚して「②表面的な仕事しかしなくなる」場合もあります。先輩をみて後輩が将来の暗いキャリアに気づく構図は組織にとって悪影響です。

若いうちは、周辺的な業務とキャリア初期に担う業務で重なる部分が大きいため、「男女差なんてあるの」と思うでしょう。しかし、**年齢に見合った業務を割り振られなかったり、キャリア後半でそれまで蓄積してきた経験を使えない異動をしたりすると「自分は周辺化している」と気づく**かもしれません（そうは思わず完走する人もいますが）。タチが悪いことに、一見ポジション的には花形でも、スキル形成業務からは意図的に外されるなど巧妙な周辺化もあります。社会構造や規範により生じる周辺化現象で、傷ついたり元気をなくしたりしている方を目にするのは実につらいことです。

そもそも、「私」にとって昇進する「価値」ってある？

ますます昇進する意味がわからなくなった……？

ここまで見てきたとおり、残念ながら女性が周辺化する傾向は日本ではすぐに変わりません。**だからといって「すぐには変わらないからね」と見て見ぬふりをするのではなく、**せめて、「周辺化する傾向にある」という理解で、自分の責任とはいったん切り離し「では私はどう働く？　何に精を出す？」を一緒に考えましょう。

とはいえ、日本の社会構造や規範により、働く女性へどのような影響を与えるかをみてきた中で、滞留する女性、昇進する女性どちらにも周辺化に向けた力が働いていることがわかりました。となるとますます女性が「昇進」する意味が見出せなくなった方もいるのではないでしょうか。

「女性が昇進する世界」は社会を変えるか

昇進する女性さえも管理職の中で周辺化していくような社会で、副首長や局部長として活躍されている方もいます。いったい、どのような女性が組織の中で上り詰めていくのでしょう。どのように学び経験し、モチベーションを保っているのでしょう。

一方で、フェミニズム研究者の間では、**「体制の一員」となった、男性優位の既存社会に忖度する女性たちが組織の「支配階級」に増えていく世界は支持できない**との議論もあります［フレイザー他2020］。日本組織における人間関係を紐解いた『タテ社会の人間関係─単一社会の理論』において、同じ「場」で長い年月を共にして働いていると同質性が高まり、個人の思想や考え方に集団の力が入り込みやすくなる［中根1967］との考察があるように、自治体でも、組織の「基幹職員」が仕事をしやすくなる人間関係で人材が配置されるのはある意味合理的です。となると「支配階級」に好かれる人でないと上り詰めるのは難しいことになります。このような状況がある中で、**あえて昇進することに「メリット」や「価値」があるのか**を一緒にみていきましょう。

Q どういう女性が自治体で出世するんだろう？

バックキャスティング（目標とする未来像から現在のシナリオを描く手法）して職務経験を積もうと考えたときに、最終キャリアのイメージがつかみづらい。私の割り切り次第と思っているが、無意識のうちに性差を意識してバイアスがかかっているのかもしれない。

40代 係長 女性

職場の女性管理職は人事権のある男性側が使いやすいから昇進した印象で、管理職の能力に到底達していない。人事制度が根本から変わらないとモチベーションは上がらない。

30代 職員 女性

A 二極で説明すると「超人」か「人気者」。

王道の「超人」タイプ

昇進の重要な要素「上司に好かれる」女性職員を、大きく2つに分けます。男性職員も上司に好かれることは出世の必要条件ですが、好かれることから導かれる結果や、好かれようとする動機に、男女差があることに気づきます。

まずは「超人」タイプです。**求められる役回りを察知し、過不足なく器用に行え、自分の意見も「適度に」言えます。これに「長時間働ける」が加わっている**ため、間違いなく特別です。ここまでは男性も同じですが、「超人」女性は、器用ゆえ「今が旬」の職場に配属されやすく、経験分野がバラバラになってしまう人もいます。

P20で「前後の仕事の関連性が薄く、類似性のない分野間で幅広く経験を積むと、能力形成や昇進に負の効果を生む」との先行研究を紹介しました。「超人」などの職場でも能力を高めていけそうですが、能力形成の効率は落ちる場面があるでしょう。

ヒアリング調査で男性幹部職員からは「経験キャリアからだいたい次はどこに異動と予測がつく」と聞きました。女性職員からは、今のところ聞いたことがありません。

特に影響力のある人物から好かれる「人気者」タイプ

自治体の意思決定への影響力の持ち方にはおよそ3種類あります。①財政や人事等の組織へ広範な影響力がある事務を所掌している、②ある分野の事業に精通しており、「素案」を作る際に自分の意見を反映させられる、③「首長に信頼されている」「主流派に仲間が多い」ために発言力がある、などです。

能力不足と思われるのに昇進している女性管理職は、影響力のある人物から好かれており、主に③により影響力を行使しています。好かれることに注力しているのでは？とみられることもありますが、前述したキャリアパス格差で女性職員は経験を積みづらいため、このような手段を取らざるを得ない構造上の問題があるともいえます。

この「人気者」が、幅広く構築した人間関係を駆使し、結果的にうまく「調整」をし、仕事を前に進められるのであれば、組織にとって有能な人物と評価されることになるでしょう。しかし、主流派の人気者であるがゆえに主流派とあまりにも同質化している場合、女性管理職を増やす目的には沿わないように思います。

Q

出世する公務員のモチベーションって何？

子どもとの時間を削って退屈な事務仕事に時間を費やす意味はあるのか。出世したとしても、私の代わりはいくらでもいる。

40代 主任 女性

まだまだ男性中心の社会だと感じます。子育てや家事を担いながら仕事をすることが女性に求められており、超人じゃないと乗り越えられないです。管理職に昇進するより、係長級のまま仕事をするほうが、気苦労も少なそう。

30代 職員 女性

A

いちばんのモチベーションは、「何かを変えられる」と「自己成長」。

モチベーション①「組織や社会に影響を与えられる喜び」

私が実施した「公務員のビジョンに関する調査」での「モチベーショントップ3」は「現在の業務への熱意」「収入を得る手段」「地域社会への貢献」でした。2番目以外は、公務員としての建前上選択しやすい項目が選ばれた印象です。しかし、**昇進を望む「本音」のモチベーションには、「他者への影響力の行使」があると**私は考えています。

自分以外のものに影響を及ぼせることへの歓喜は、幼児期からみられるとの論文があります〔Groos 1901〕。幼児が自分の腕を動かせば鉛筆が転がることに気づいたとき並々ならぬ幸福感を表すのは、みずからが世界に対して「予測が可能な影響」を与えられることへの喜びだというのです。**「自己である」「自分が独立した存在である」感覚は、他者へ影響を与えられるという歓喜を伴って得られる**そうです。

この説を、「役所での昇進」に当てはめて考えましょう。自分はこの案件に関してこうすべきだという意見を持っている。公の会議の場、内々の場、どちらでもこれからの方向性を決める議論に参加でき、自分が考えた意見を述べ、それが採用された暁には自分の考えが組織や市民生活のルールとなる。このように、理屈としては、昇進すれば組織に影響を与えられる（と自分で思える）度合いが大きくなります。この**「組織や社会へ影響を与えられる」喜びも、昇進のモチベーションとなる**と考えられます。

モチベーション②「自己成長の喜び」

一職員として入庁し、京都市副市長まで務められた村上圭子さんにインタビューした際、「昇進したご褒美」が自分の成長として返ってくるとのお話を伺いました。モチベーション①の「他者へ影響」は公務員としての力量の「実績」という側面もあるので、他者へ影響を与えることも実は自己成長の要素の一つとも解釈できます。長年、右から左に流す事務処理ばかりしていると（特に職員級の一般事務職）、イメージがわきづらいでしょうが、**人脈、知識、経験、自信など自分自身へプラスの蓄積が可能な業務が自治体にはあり、それは職位が上がると経験できることも多くある**のです。たとえば、役所での肩書があればこそ出会える一流の人物と一緒に仕事をすることで得られる学びなどは、「市民の役に立っている」満足感とは別の喜びでしょう。

Q

昇進ってデメリットが多くない？

別に昇進に興味ないから。昇進に得がないのはわかりきってる。責任ばっかり増えて時間的余裕がなくなる。残業が増えて、裁判とか起こされて。給料が増えてもやりたくない。正直私ら雑兵がいくら頑張っても自治体とかいう忖度とコネで回ってるブラック組織は変わらない。昇進はこわいんではなく、面倒くさい。

20代 職員 女性

年をとると係長ではないのに係長のような仕事をさせられる。雑用の長は割に合わない。

40代 主任 女性

A

昇進はそこまでデメリットだらけじゃない。

管理職になれば自分の目指す職場づくりへの影響力が高まります

若いうちから昇進したい公務員はレアです。積極的には昇進を望まないが、まわりの後押しが申し訳ない。現実問題、給与をアップさせたい。同期が昇進していく中、取り残されたくない。などの消去法で、試験や打診を受けるのが一般的です。

前頁で紹介したように、昇進することで自分の自由な時間が減り、責任が増え、役所の理屈に染まり、忖度の片棒を担がなければならなくなる、それは給与に見合わないと考えている若手は多いようです。これについて、もともと昇進を考えていなかった若手だったものの、今は課長になっている私の立場から、ちょっと反論してみましょう。

まず、昇進すると部下や上司に合わせて自分の時間を削らざるを得ないと思ったり、上司に合わせて残業が当たり前になっている職場に嫌気がさしたりするなら、**ぜひ自分がマネジメントする立場になり、定時で上がるのが普通の職場にすると目標を掲げましょう。少しずつでもできることから変えていけるのは昇進のメリット**です。何より仕事さえきっちりやれば、あなたは「早く帰るべき人」になれます。**チームの皆さんと話し合**

える環境をつくり、一緒によい方向へ変えていく楽しみもあります。

次に、責任が重くなることについて。責任を取るとはつまり、自分の頭で考えて決めるということです。自分の頭で考えて決めていくことで、自分が社会に参加して何かの役に立っている、誰かのためになっている充実感は強くなります。**実際に、影響力をもって職場や社会のしくみの嫌なところを変えていける**ようになります。

若い頃は、自分の目の前の生活に精一杯でしょうし、特に女性は、家庭での無償労働が多く余裕がないため、なかなか仕事で充実感を得たいと思えないかもしれません。しかし、社会に参画できていない疎外感は、年をとればとるほど、意外にも重くのしかかってくるものです。責任を取る人生を選んでおけばよかった、と思うほどに。

また、基本的に組織の中でさまざまな情報をもとに議論して方向性を決め運営していくため、管理職は一方的な尻拭いだけさせられているわけでもありません。

さまざまな経験から自分の軸を探して

次に、役所の風土としての忖度に関わるのが嫌な件について。人の心を慮るのはコミュニケーションの基本ではありますが、もし、あなたの職場まわりの忖度が、民意を反映していないと思うところがあれば、それは問題です。直接関わらないようにもできるし、あえて関わって何かを変えようとするのも自分次第です。組織で働いている以上は組織として動くのが基本ですが、個人の自由意志まで制限されるものではないので、それぞれがどう判断するかです。

また、一定の年齢がきたとき、思いもよらず責任を感じる役割が振られることもあります。1・2章でみてきた研究によると、**キャリアの前半で、ある程度組織の作法やスキル、人脈が身につけられる仕事を経験しておくほうが、その後の職業生活は楽**です。今は遠慮したいと思っても、考え方次第で自分のプラスになることもあります。

給料も人生の経験値もアップで豊かな人生になる

昇進した場合の人間関係の「しがらみ」であったり、「勤務時間」の大幅増であったりと、「給与」を天秤にかけた結果、昇進しない選択に傾くことがあります。「主任と管理職で給与が変わらないから昇進は望まない」と、自分に言い聞かせているフシがある人もいます。

給与に関しては、定年まで主任の場合と、40代後半で課長に昇進し課長で定年を迎える場合では、退職金を含めなくても生涯賃金でざっくり数千万円の差がつきます。**昇進しなくても「あまり差がない」という説も流れていますが、これは間違っています。**これは、地方公務員給与実態調査等が地方公務員給与の全体像を明確に見せない仕様（役職別の平均給与月額がみえない、男女別の賃金比較は平均給料月額のみなど）になっており、昇進を考える際の最重要ポイントがみえないようになっているからですね。

また、仕事面では「自分自身が成長できる」メリットは確実にあります（P99参照）。職員・主任は誰かが決めたことに基づく事務処理が基本ですが、係長になると自分が差配する機会が増え、さらに管理職になると各分野の第一線で活躍されている方々とやり取りする機会も増えます。仕事を通じた経験で人生を豊かにできます。残業がない前提だと、同じ時間を費やすなら給料がたくさんもらえて社会のさまざまな面を知り、人生の経験値をアップできるほうが断然お得という見方もできます。

組織で動ける幅が広がり、自分の時間もしっかりとれます

ところで、昇進する人は組織で評価されているけれど、そもそも人材評価の基準に疑問を感じている人もいるでしょう。しかし、**こういった疑問を持っている方こそ昇進し、組織風土の変革にチャレンジしてもらいたい**です。組織の評価は、地道な業務をまじめに取り組んでいる職員たちに必ずしもスポットを当てているわけではありません。制度で当たらないのであれば、人間＝管理職がスポットを当てていくほかはないのです。それが係長や管理職の「最も」といってよいくらい大切な役割なのです。そのような「仕事」は役職がついているほうがやりやすくなりますよね。

私が管理職になってみた感想は「なってよかった」しかありません。チームの皆さんの意見を聞いて自分の考えも深められ、そのうえで、通るかどうかは別として組織で意見も言えるようになりましたし、関心をもった勉強ができる時間もとれています。

「仕事か家庭か」が影響している範囲は広い

「子どもか仕事か」女性が天秤にかける日本

日本では「育児と社会参加の両立は難しい」との声がいまだに多いです。国際的には女性が「子どもか仕事か」を選ばざるを得ない状況から脱出するトレンドがあり、日本は乗り遅れています。合計特殊出生率と女性労働力率、この二つの指標をクロスさせたのが図表15で、女性の労働参加が出産に与える影響の変遷がみえます。世界全体で、1970年には何度も出産する場合は労働が控えられましたが、1985年には女性労働と出産人数は競合関係ではなくなり、2000年には労働力率が上がると子どもを産む人数も増えました。産む人数は昔と比べ減ってはいます。女性の労働参加は出産数を減らす関係にはありますが、仕事と家庭の両立を可能にする策が有効に作用すると、少子化の歯止めとなると示した研究もあります［山口2005］。また、図

図表15　合計特殊出生率と女性労働力率（15〜64歳）：1970、1985、2000年

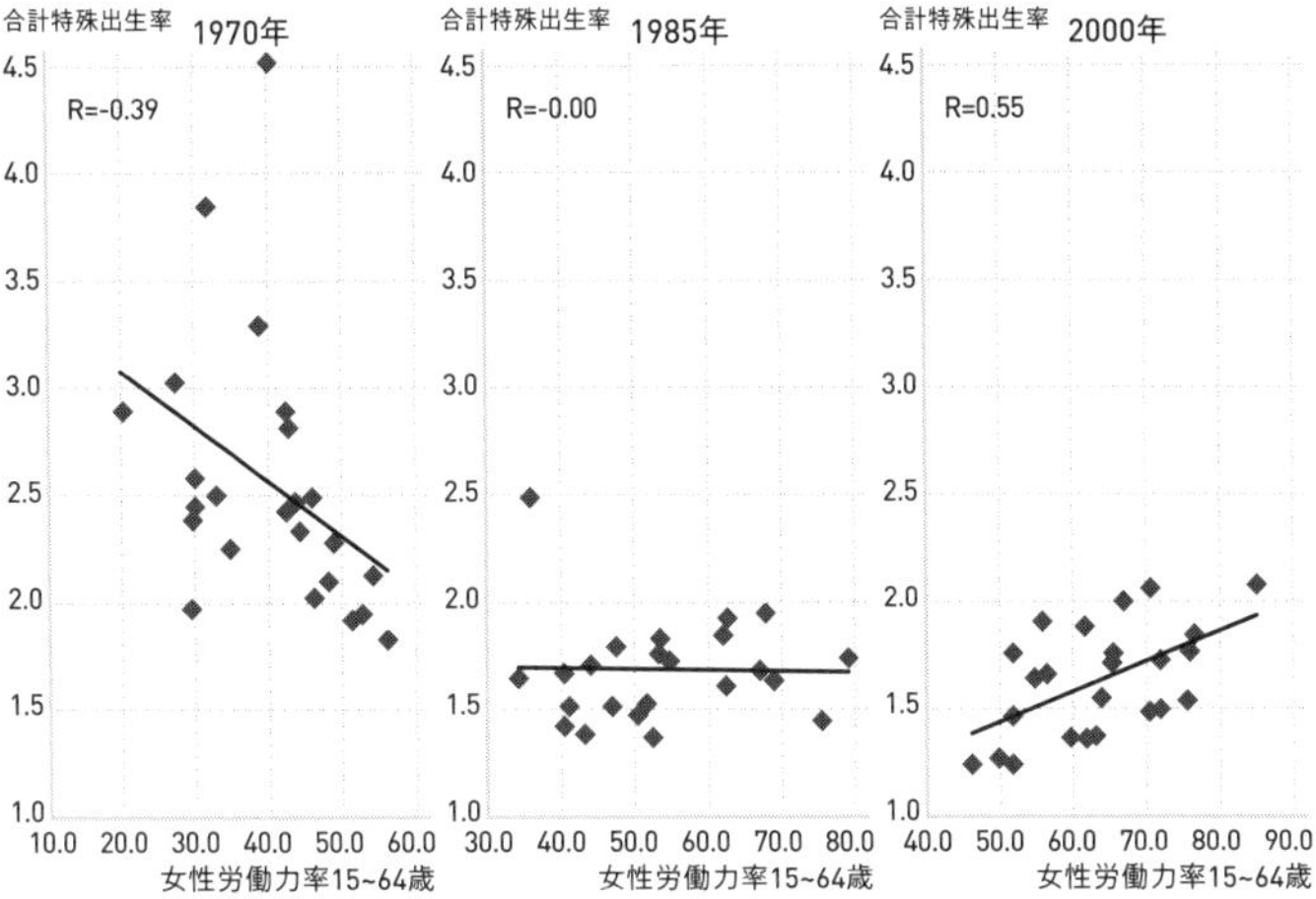

（出所）内閣府「少子化と男女共同参画に関する社会環境の国際比較報告書」（平成17年９月）
（注）女性労働力率：国により一部、調査年および対象年齢が異なる。

表16で2000年時点の国別状況をみると、国によって違いがあり、日本はその中で女性の労働力が高くなく、かつ産んでいる子どもの人数も少ないグループに属しています。

日本の労働力率も出生率も低くなっている原因として、①仕事と家庭の両立を可能にする政策が有効に作用していない、②女性が労働参加しづらい社会、などが考えられます。**「育児休業制度や託児施設の充実」**よりも**「フレックスタイム、在宅勤務、労働力再参入のしやすさ」といった、「労働市場の柔軟性」**のほうがより**「仕事と家庭の両立を可能にする」**ことを論じた研究もあります［山口2005］。

出生率を回復させたのは、**共働きがしやす**

図表16　OECD加盟２４か国における合計特殊出生率と女性労働力率（15〜64歳）：2000年

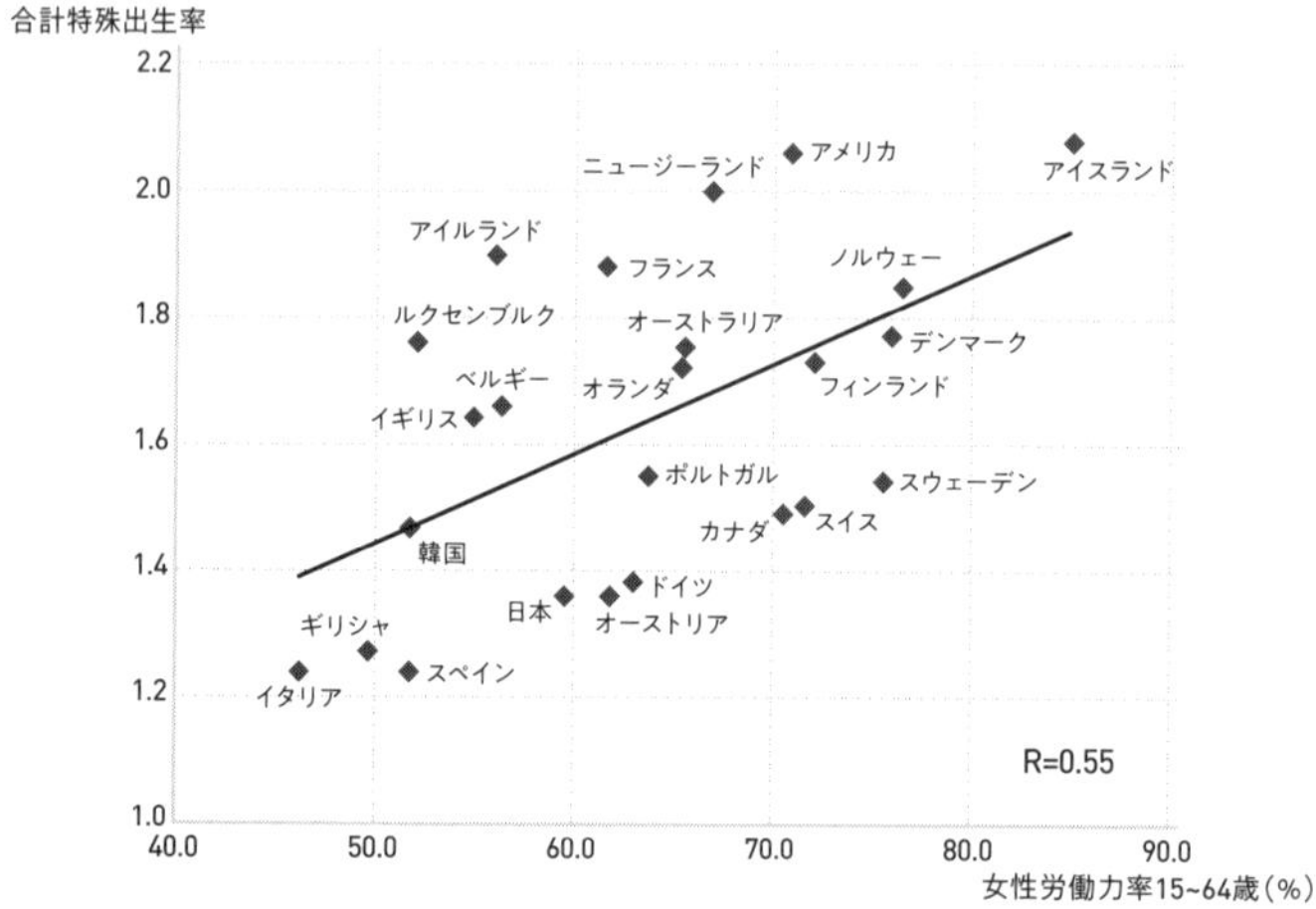

（出所）内閣府「少子化と男女共同参画に関する社会環境の国際比較報告書」（平成17年９月）

（注）女性労働力率：アイスランド、アメリカ、スウェーデン、スペイン、ノルウェーは、16~64歳。イギリスは16歳以上。

い制度を獲得した国です。P54のエスピン＝アンデルセンの「女性の役割の革命」実現の具体策として紹介しました。

元厚生労働省官僚の山崎史郎氏も2018年の日本記者クラブでの講演で**「意見はさまざまあるだろうが、共稼ぎ共働きに若者が移行する中で、それを支える社会システムを用意できた国となかなか用意できなかった国の差」**と言及しています（YouTubeで公開）。日本が出生率回復トレンドに乗り切れないのは、「低労働力率かつ低出生率を克服するための社会政策上の働きかけが脆弱」［木本2010ほか］である影響はあるでしょう。

4章

男性の立場で「女性活躍」のモヤモヤと対話しよう

男性ばっかり悪者にされてるみたいで……。僕らもつらいです

男性・女性の向き・不向き、適材適所ってあるでしょう

もう平等でしょ。男女平等とかいちいち言うのが時代遅れなんじゃない？

「自分にとって一番いい状態」を追求できる社会

男性も生きにくい社会なのでは？

ここまで本書を読んで、「女性」「男性」と線引きして対比させるのは、むしろ分断を深めるだけでは？　と疑問を持たれた方もいると思います。また、「男性もたいへんなんですよ！」と言いたい方もいるでしょう。丁寧に読んでくださっている読者の皆さんはお気づきのとおり、この本では「男性がたいへんではない」とは一言も書いていません。「男性はゲタをはかせられている」とは書きましたが、それによって「楽をしている」とは考えていません。ゲタが重荷な人もいるでしょう。

要は、**「日本のジェンダー規範が強固で、性別役割分担が根強いために、暮らしや仕事に性別を軸とした大きなアンバランスが生じている。その結果、個人が『自分にとって一番いい状態』を損ねている。それは日本社会にとってマイナスなのでは？」**と問いかけたいのです。男女どちらがたいへんかの競争をしたいのではありません。

では、ジェンダーギャップが原因で、どんな状況が生まれるのでしょうか。4章では、男性の立場から発信されがちな意見を、検討してみましょう。

すでに手は尽くした!? 水面下に潜り込む格差をみつけよう

社会的な地位が確立した、もしくはされつつある男性がぽろっともらす本音の代表格が、**「男女共同参画、これ以上できることある?」「女性管理職増やすの、もう限界では?」**といった意見です。しかしこうした意見は、やはり**「まずは歴史や構造の全体像を知って考えてから言ってほしい」と言わざるを得ません。**

私も、こうして勉強をするまでは、性別を起因とした諸問題がどのように生じ、解消に向けてどのような動きがあるのか、自然に耳に入ってくることはほとんどありませんでした。また、「男女平等」「男女雇用機会均等」「男女共同参画」「ジェンダー平等」といった、意味合いが少しずつ異なる似たような用語も複数あります。これらには、考え方が微妙に異なり、はっきりとは表現できない何かをうかがわせる「訳あり」

感があります。一体どのような議論や変遷があったのか、自ら積極的に情報を取りにいかないと、広範な視座は得にくいです。本当に「できることはやりつくしたのか」は、よく勉強してみないとわからないのです。

女性差別撤廃委員会からの是正勧告に日本はどう対応している?

ところで、日本は「女子差別撤廃条約」を1985年に批准し、この条約の実施のための措置や進歩に関する報告を、国際連合事務総長に提出(第18条)しているのをご存じでしょうか? 日本はこの報告書をこれまでに9回提出し、このうち5回、国連の「女子差別撤廃委員会」から審議を受けています。2016年に公表された直近の審議での最終見解では、20項目にわたり是正に向けた勧告がなされ、しかも以前から言われ続けているのに手が付けられていない事項も多かったことに、驚きました。これを読むと最近の事例では、男女の婚姻可能年齢の差(18歳と16歳)の解消や、非嫡出子への法律上の差別解消などは強く勧告されていた事項だったことがわかります。そして、ジェンダー平等先進国では取り組まれている「女性に対する差別を残す法律の特定・廃止」や「包括的な差別禁止法の制定」が十分ではないとの勧告にもかかわらず、「『憲法』『均等法』『基本法』『労働基準法』等々で権利は守られ、差別は禁止され、差別がある状況にはない」という回答を、日本は繰り返していることもわかりました。

本当に「日本でやれることはやり切った」のだろうか？という疑問もわいてきます。

均等法は雇用分野における差別を解消したか？　という議論

このように、私たちが日常生活で身近に感じている差別や格差を「ない」とするのが、いつの間にか日本の回答となってしまっています。

さて、日本は雇用分野における差別解消勧告に対し、「均等法は、雇用の分野における男女間の直接差別と間接差別を禁止している」と回答しています。実は学術界では、**均等法は差別解消に有効に機能しておらず、むしろ差別が合法化され水面下に隠れるよう作用したと**する議論があります。日本社会では労働現場における男女差別が、法整備等に伴いどのように形を変えて息づいているかをみていきましょう［大沢1993＝2020、金井2017ほか］。

Q

男女共同参画っていつまで続けるの?

新規採用者を決める会議に出席したとき、首長から「女性職員は今後も数をとらないといけませんか?」と。「女性職員をとるのはリスク(産休育休にすぐ入る、やめる)」と考えるのって、自分自身は家庭運営の責任をお金以外で担ってないことの表れでは、と思います。上層部がこうなので、残業前提の人員配置ですし、「女性だから」「男性だから」というジェンダーの押し付けが横行しています。

30代 職員 女性

A

ジェンダー役割から離れた人材活用が解決策。

本来、女性男性の二元論で論じられるほど単純ではない

「**男女の二元論での社会現象の分析自体がナンセンスで実態に即していない**」という意見を、メディアや実際のやり取りでよく耳にします。完全にどちらか一方の性の型にあてはまらないという「モザイク脳」［ジョエル、ヴィハンスキ2021］の研究もあります。ところが、**実際に日本では社会現象を性別で分析すると男女格差が大きい**のです。

日本では、1985年に雇用における男女平等の実現を図ることを目的とした均等法が成立しました。しかしその後も、大きな変化はみられず、むしろジェンダーギャップの国際ランキングが下がる要因となっています（P52参照）。

図表17「就業者及び管理的職業従事者に占める女性の割合」で、2006年と2020年の数字を比較しますと、スウェーデンが10ポイント上がり40％超え、日本や韓国と同程度だったフランスが30％超え、日本と韓国は微増で10％強と変化が小さい結果です。図表18「女性役員を義務化している国（欧州）における女性役員比率の推移」では、2010年頃から役員比率が急上昇しています。これは、EUによる加盟国

図表17　就業者及び管理的職業従事者に占める女性の割合（国際比較）

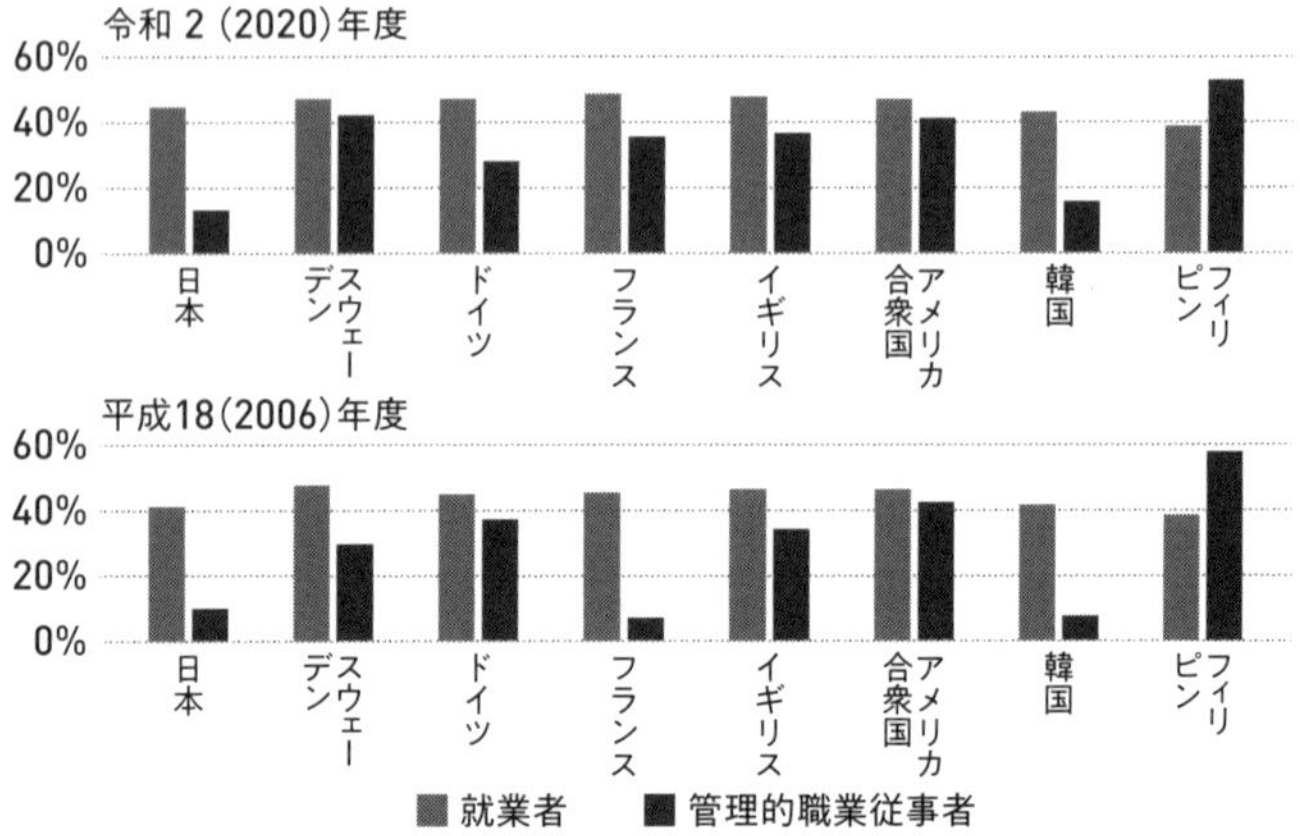

（出所）内閣府「令和２年度　女性の政策・方針決定参画状況調べ」「平成18年度
女性の政策・方針決定参画状況調べ」をもとに筆者作成

に対する女性登用促進の働きかけによるものです。

ＥＵでは、２０１０年に「男女平等へ向けての戦略（２０１０〜２０１５）」を発表、２０１３年に産業界に対する「上場企業の役員会におけるジェンダーバランス改善のための指令（女性役員クオータ制指令）」が欧州議会で可決されました。欧州の大手上場企業の非業務執行取締役における性別の比率が２０２０年までに（公営の上場企業については２０１８年まで）、男女どちらも最低40%になることを目標とするものです（ＥＵＭＡＧ（駐日欧州連合代表部の公式ウェブマガジン）より）。

ノルウェーでは、ＥＵクォータ制指令前の２００３年から40%以上目標が義務化され、違反を重ねた企業は株式公開を取り消される重い罰則

図表18　女性役員を義務化している国（欧州）における女性役員比率の推移

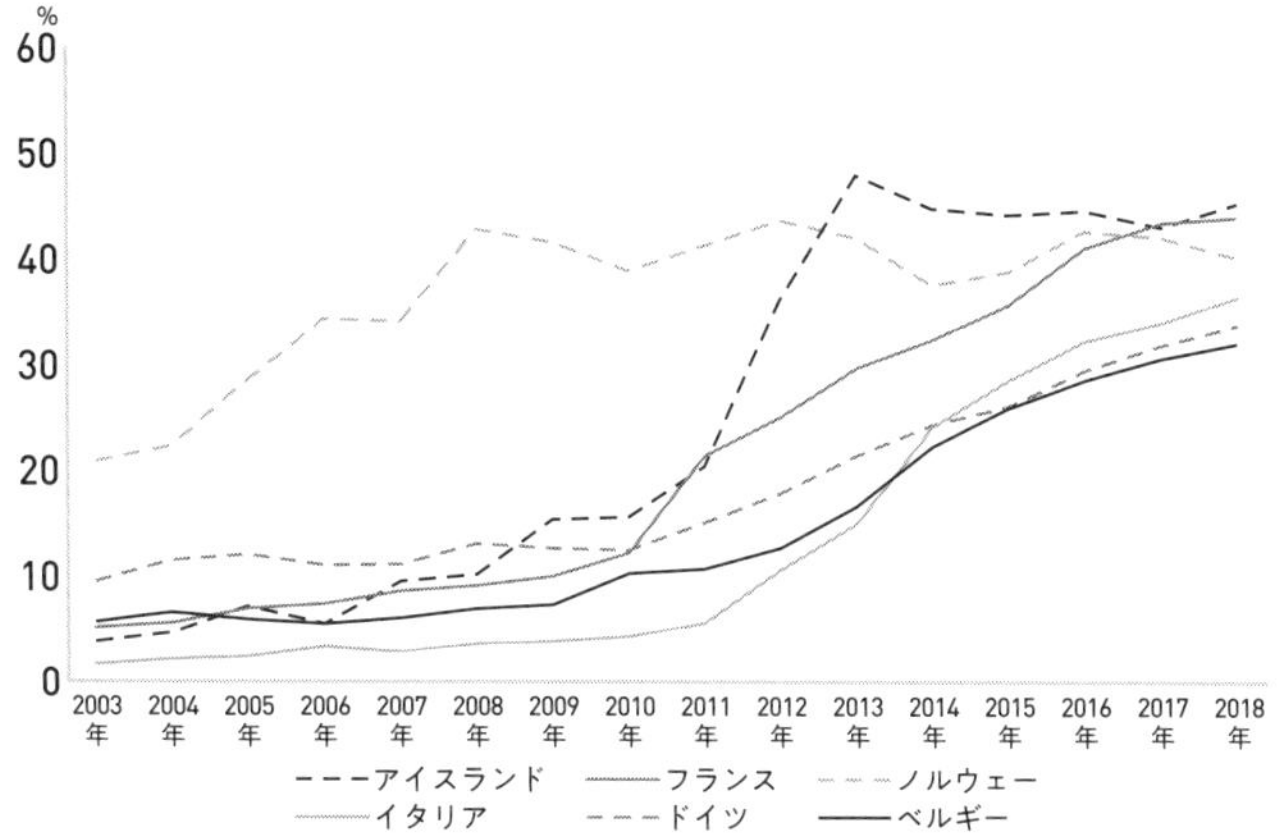

（出所）大野威「女性役員登用の国際比較および女性役員と企業業績・株価の関係」（2020年３月）より

を作り、２００９年までに女性役員比率が４０％まで急上昇しました。この後、欧州の多くの国で同様の法律が導入され、数年で目標が達成されています。

　このような女性雇用政策の変化は、男女間の権利の均等問題だけでなく、家計リスクを低減させる戦略として扱われ始めた影響もあったといい［佐口２０１８］、**罰則規定を伴う義務化が急激な構造変化を起こす**のがわかります。

　なお、内閣府男女共同参画局「上場企業における女性役員の状況」によると、２０２２年７月末時点での日本の上場企業３８６０社の女性役員比率は９・１％です。

　企業の決断や社会、市場の動向に委ねている日本では変化はゆるやかです。

「個人の資質を活かす」なら自治体でも取り組みやすい

日本での男女間雇用格差の大きさと頑健性は、均等法の副産物の一つ「コース別人事制度」に表れています。日本企業は、もともとの男女別の雇用管理の差別を均等法で禁止されましたが、実質的には性別での雇用管理区分は残りました。それが**「総合職」と「一般職」**です。均等法では、「同じ」雇用管理区分（職種、資格、雇用形態、就業形態等の区分）内での性差別を禁止しており、「異なる」雇用管理区分であれば差をつけてもよいと裏技的に解釈され、均等法成立前と変わらない男女別の雇用管理を維持し続けました。総合職に女性も入れるものの、女性は家庭での「無償のケア労働」を分担するため「女性が自らの選択」で「一般職」を選ぶ構図です［以上、金井2013］。このように法令等を設けて、表面上は差別していないと説明できる状態をつくることで差別が水面下に潜り、差別の実態が証明しづらくなっています。

自治体の場合、水面下という観点ではP22などでみた支庁（出先機関）や特定分野への偏った女性職員の配置、それらの一部が指定管理者制度や非正規雇用者に置き換わっていることなどが例として挙げられます。**国全体が方向転換しなければ、一自治体で動きづらいのは理解できます。しかし、「個人」の能力を引き出す、という観点からであればまだまだ自治体でもできることはあるはず**です（6章で考えます）。

男女の役割分担に基づき社会を運営していく力が強く働く日本社会ですが、そうした管理をしなければ国家や組織が成り立たないと、社会や組織の意思決定に影響力を持つ個人やグループが判断した結果ともいえます。女性を登用してみたもののうまくいかず、だから女性は「プロ」ではないと考えられ人事が行われてきたのです。

これは女性が肝心な訓練がされていない状態での突然の登用のせいですが、さらに問題なのは、女性は重要な意思決定をする役割に不向きだから、育成に効果がある職務を経験させるのはもったいない→育成されない→仕事ができない、または退職→「女はできない」とレッテル貼られる→育成されないという**「予言の自己成就」のループにはまっている**組織が多いことです。こうしたグループは女性にとって不公正なだけでなく、自治体における**重要な意思決定の場が男性に偏るリスクは住民にとっても影響が大きくなります**。女性職員個人の問題にとどまらないのではないでしょうか。

Q

男性女性で向き不向きな仕事があるのでは?

そもそも長時間働けないことが能力に差があるといえる。男性より体力もなく、怒られるとすぐ泣く女性もいる。余計な気遣いをすることになり、生産性が落ちる。必要としているのは健康な男子。

40代 課長 男性

適材適所ということがあるから。対外的に和やかなコミュニケーションをとるような仕事は女性に向いている。行政運営は、異なる利害関係を調整する厳しい交渉も必要。そういった判断は女性にはできない。

50代 局長 男性

A

能力差ではなく「同質性の高さで生産性を上げる規範」が主な原因。

長時間の拘束が可能で、主流派とのシンクロ能力が求められている

前頁の主張は、**社会にまん延している典型的な偏見**です。重要なポイントは①**「長時間勤務が前提」**、②**「同質性の高さによる仕事のスムーズさの重視」**の2つです。

①の働き方が、家庭における男女での役割分担が原因となることは繰り返しみてきました。そもそも日本の労働現場はギリギリの人数で回していて、余裕がないことが他国との比較で指摘されています［菅沼2018］。とにかく、この長時間労働から抜け出し、柔軟な勤務時間の運用ができない限り、男女共に働きやすく、心も身体も個人の健康が保てる生活には近づけないと私はみています。

②は、自治体では庁内の他部署との調整に苦労するものなので、同じ部署内で「意味のある」議論ならいいが、議論を深めるとは思えない、面倒くさい〝なだめすかし〟に手間をかけてはいられないという気持ちの表れと思われます。**「意味のある議論かどうか」の水準がすでに若い頃から仕事で関わりをもち、人となりが熟知されている、同質性の高い人たちの間で決められ、非常に狭い選択肢の中で議論する**ことになっています。

自治体は国の方針や事業の考え方に影響を受け縛られるということもありますが、このツーカー人間関係の重視によってより一層、そもそもどうあるべきかという根本的な話には至らず、一本道の右を歩くか左を進むか真ん中を行くかという議論の外には出づらいのです。

女性の離職率が低い公務員にどのような「統計的差別」があるか

「統計的差別理論」とは、性別といった属性によって特定の傾向がみられる事柄を、その属性に該当する人全体にあてはめることで、判断や分類を効率的に行い、結果として属性ごとの待遇や属性による格差につながるという理論です。女性の勤続年数が短くなる傾向を説明する際によく使われます。

P119でも解説した「予言の自己成就」といって、女性は出産・育児・介護などのために離職確率が高く、訓練してもコストを回収できないとみなされるため、昇進につながる仕事を与えられず、その結果として能力を開発する、あるいは示す機会が与えられないことで賃金が上がらず、仕事を辞めてしまうことにつながっていくとされます［佐口2018ほか］。

しかし、公務員は会社員と比べて結婚や育児で退職する率が圧倒的に低いことを示す研究があります［新谷2015］。統計的差別理論でよく説明される「女性は離職確率が高い」は公務員の場合は当てはまりません。だからといって右のような統計的差別理論が公務員には当てはまらないかというと、そうではありません。本書では、「配置部署」や「担当業務」に大きな偏りがあり、結果として組織の重要な意思決定の場に女性が非常に少ない、もしくはほぼいないことをみてきました。この傾向は統計的差別理論で説明できるでしょう。

このような偏りが生じる原因として、公務員の場合は、**「女性は長時間勤務できない割合が高い」こと、「女性には不向きな仕事がある」という思い込み、「基幹部署は同質性の高い者たちで」という組織規範が影響を与えている**と考えられます。

Q

日本に適した伝統的な役割分担をなぜ無理に変えるのか？

女だから結婚しなさい。女の人は結婚して子どもも産んで～というのは、びっくりするくらい言われる。

20代 職員 女性

その任用条件だと収入が103万円を超えてしまいます。夫の扶養の範囲内で働きたいので受けられません。

40代 会計年度任用職員 女性

A

「男性が仕事、女性は家事」はリスクが大きい家族モデル。

「男性稼ぎ主モデル」の歴史は浅いが、強固に根付いた日本

家族（世帯）の稼ぎ主が夫で、妻が家事をする性別での分業を**「男性稼ぎ主モデル」**と呼びます。近代以降、多くの先進国で、社会保障のしくみとしてこのモデルをベースに制度設計がされました。主なきっかけは産業革命で（P51）、1950年代に最も規範的になりましたが、現在北欧諸国などでは男女とも就労率が高く、男女の労働時間の差が小さい**「二重稼ぎ手モデル」**に移行してきています［世界経済フォーラム2013］。日本では高度成長期までは農家など自営業が多かったため、女性の労働参加率は高く、男性稼ぎ主型世帯が成立した時期は遅かった［斎藤2013］のですが、高度成長（1955年以降）が始まると**「諸外国にもまして強固」に男性稼ぎ主モデルが確立し、1980年代の社会保障制度整備により補強されました**［大沢1999、2002、2007］。

「男性稼ぎ主モデル」が日本に強く根付いたのは、企業が雇用を通じて社会保障の一翼を担ってきた側面があるためといわれています［大沢1993＝2020、佐口2018ほか］。男性正規職員への右肩上がりの年功賃金、専業主婦と子どもへの扶養手当が組

み込まれた賃金形態、社宅や医療などを含む企業福祉が大企業ほど手厚く構築され、女性を「主婦」＝被扶養者とし、男性へ賃金メリットを与えました。1960年前後に国民皆保険・皆年金体制が実現しつつも、社会保障水準としては高レベルではなく、企業福祉に補完されることで国の福祉システムを低位に抑制していたのです。そして、「男性稼ぎ主モデル」が強化された1980年代には「家庭基盤の充実対策」として、所得税の配偶者特別控除の創設（1987年）など一連の主婦優遇策が講じられました。主婦に税制度や年金制度で特典を与える改革です。加えて、1985年に夫の「扶養家族」として基礎年金を受け取れる年金改革を行い、所得を130万円以内に抑える働き方が定着しました［以上、木本2010ほか］。

そのルールに乗っかる「選択」を「女性」がしているんでしょ？

P124で、会計年度任用職員の女性が年間収入を103万円以下に抑えたいと言っているのは、**所得税控除の関係で所得税を支払わなくてすむから**です。年間収入が103万円以内であれば、所得税だけでなく、夫の被扶養者になるため年金保険料や健康保険料を支払わずにすみ、夫の勤め先に扶養手当がある場合は手当も受け取れます。**男性が働き、女性が主に家事を担うのは、日本人の気質や風土・文化に適しているからではありません。働く男性と専業主婦またはパートの女性という組み合わせは今の社会ルールではいちばん「金銭的に」得をするから**です。このように社会制度が個人の意志や選択を大きく方向づけることがあります。日本は大卒女性の就業率が高卒女性よりも低く、国際比較では珍しい傾向ですが（P70）、主婦への社会保障の優遇が理由のひとつです。

このように、大昔からの文化・風土であるかのような誤った歴史観がまん延するほど「男性稼ぎ主モデル」が日本には根付いています。この**男女1セットの関係が崩れれば女性側が困窮し、男性が失業した場合は家族（世帯）が困窮するリスクが高くなります。**なにより**性別で型にはめようとしている点だけをみても、人によって無理が生じる**のは想像できます。こうしたリスクを減らし、誰もが路頭に迷わず、個人にとっていちばん良い状態で暮らせる社会にするために、ＥＵ・北欧諸国では「二重稼ぎ手モデル」や「個人単位の社会保障」への転換を図っているのです。

Q

女性の人権が大切なのはわかるけど、結局、男性が社会を回しているよね？

外部からいろいろ（意見を）言われるけれど、結局、実際には俺たちが社会や組織を回しているんだ。

40代 課長 男性

男性が社会を回している、ということは、男性中心的な価値観で意思決定をしているということ。同質的な集まりになることで気づけないバイアスが反映されている危険性があると思います。

30代 職員 女性

多様性が求められる社会で女性の活躍は必須なこと。

40代 係長 女性

A

人権だけでなく、持続可能な社会を成立させるために深い意義がある。

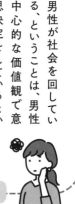

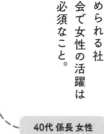

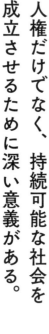

自治体における女性雇用問題は、権力の行使のあり方にも関係

P127でみたように、EU・北欧諸国で女性雇用が進んでいる理由は、単に男女平等・差別解消等の人権面に限りません。**持続可能な生活システムとして、共働きをしながら無償労働を夫婦で分担できるしくみの構築を政策目標とし、これを実現する策の一つが女性雇用促進だから**です［エスピン＝アンデルセン2011・2022、佐口2018ほか］。女性をどう組織で雇用していくかは、女性の人権や差別解消問題の域を超え、さまざまな分野での問題を解決する可能性を秘めています。そして、自治体組織での女性雇用のあり方が、それらの問題を解決する可能性も示唆されています（P162参照）。

ところで、自治体の基幹職員は、住民の共有財産をどのように取り扱うかの案を作る権力を持ち、「役人が決めて回している」との誇りがあります。議論の土台となる「案」は、行政の方向性に影響力が強いからです。自治体の女性管理職の比率の低さからして、この基幹職員集団に女性職員はほとんど入っておらず、入っていても少数過ぎて発言力が小さい、あるいは同質化していて多角度からの議論につながらないケースが

現時点ではほとんどと考えられます。意思決定の場にいるメンバーが男性中心的な価値観に偏ると、そのような立ち位置から「案」が作られます。自治体の女性雇用問題が、「権力がどこにあるか」「私たちの生活のルールが誰によってどのように作られているか」に深く関わることに案外世の中は気づいていないのではないでしょうか。

「女性の仕事」を評価していない社会で「生活の質」は高まるのか

男性中心の意思決定による社会への影響の一例として、非正規雇用を例に非常にわかりやすい説明がありますので概要を紹介します。

「日本のようにリーダーがほとんど男性の社会では女性割合の大きい職の価値を低く見る傾向があるという議論がある。最近、行動経済学で、自分の持ち物は持っていない場合より価値が高いとみなす『保有効果』からの洞察が注目されている。つまり、男性中心の社会では主として『男性の保有する仕事』を『女性の保有する仕事』より価値あるものとみなしやすいのではないかと考えられる。これはジェンダーに関する男性のアンコンシャス・バイアスの一つともいえる。ここで女性の保有する仕事として考えられるのは、特にヒューマンサービス系、教育・養育、健康、福祉関係など。これらは生活の質、よりよい生き方に大きく貢献する分野だが、利益を基準とする労働生産性の尺度では測れない面が多いため、その価値を低いとみなす『男性の視点』が支配して、労働市場での賃金に社会貢献面での価値が反映されない面があるのではないか。それは男性中心社会の弊害といえる。またその結果、女性に多い専門職が軽く見られて、非正規化している」［山口2021］

非正規職員は業務限定型職員で、柔軟な雇用につながる働き方の一つです。決して悪い面ばかりではなく、無制限の働き方を選ばない人には良い選択肢となっています。しかし、日本では雇い止めの可能性による不安定さや、正規職員と比較した際に同一労働同一賃金になっていない問題（非正規という区分では、正社員と同一労働とみなされず、賃金差が大きい）があります［佐口2018ほか］。また、「女性」に偏りが大きい職種から非正規化しています［上林2015］。こうした要素から、非正規職員が増加すると、日本における男女間の大きな賃金格差にもつながります。

自治体で、どの業務を非正規化するか、委託化するかは、実質的には自治体の職員の考

えが非常に大きな影響力を持ちます。首長の公約でもない限り、政府の方針や国の個別事業の仕様から当然影響を受けます。また、世論や他都市の動向を考慮しながらであっても、実務上、自治体職員が案を作り、内容によっては議会に諮り決定されます。そして、**この一連の流れで、閣僚、国会議員、国家公務員、首長、地方議会議員、地方公務員と意思決定に関わる人はほぼ男性**です。

「女性の仕事」の非正規化が生む貧困ループと女性間の分断

こうした男性中心の規範が、「女性の仕事」の非正規化を生んでおり、さらに非正規職員に限らず、同一職種の男性の賃金と比べて女性の賃金が低い［山口2021］ことも、女性の貧困に影響している可能性があります。図表19の2018年の数値をみると、可処分所得が貧困線（最低限の収入を表す指標）を下回っている母子世帯は回答のあった母子世帯の半数を超えています（父子世帯では約23％）。

女性のひとり親の困窮を「女性が男性と結婚していれば起こらない問題」と一人ひとりが思っているわけではないでしょうが、日本の社会構造は結果として女性のひと

図表19　世帯種別による貧困率比較

	ディープ・プア率（可処分所得＜貧困線の50%）			貧困率（可処分所得＜貧困線）			UK基準貧困率（可処分所得＜貧困線の120%）		
	母子世帯	父子世帯	ふたり親世帯	母子世帯	父子世帯	ふたり親世帯	母子世帯	父子世帯	ふたり親世帯
第1回(2011)	16.7	0.0	2.2	46.6	2.2	10.7	62.6	13.3	18.7
第2回(2012)	9.1	0.0	0.2	44.8	3.3	7.2	58.7	10.0	14.2
第3回(2014)	19.5	9.4	1.0	57.0	28.1	7.7	65.3	37.5	13.9
第4回(2016)	13.2	4.3	0.2	47.0	10.6	6.2	61.4	14.9	11.8
第5回(2018)	13.3	8.6	0.5	51.4	22.9	5.9	61.7	40.0	11.3

（出所）独立行政法人　労働政策研究・研修機構「子どものいる世帯の生活状況および保護者の就業に関する調査２０１８（第５回子育て世帯全国調査）」

り親に過酷な人生を強いています。つまり、①社会保障が世帯単位であること、②正規職員が賃金上有利で労働市場の流動性が低い（正規職員として転職がしづらい）、③同じ内容の仕事をしていても正規職員と非正規職員に労働時間では説明できない賃金格差がある、④女性が採用されやすい「女性の仕事」は非正規職員が多い、といった複数の状況がいくつも重なり、貧困から抜け出せない構造が根を張っているわけです。このような貧困ループにはまってしまうと抜け出しづらく、抜け出せないのは本人の努力不足と（歴史的にも）されやすいのが日本の特徴でもあります［大沢１９９３＝２０２０］。

結婚していなくても正規職員で働き続けられている女性、個人事業主や起業家として収入が確保できている女性はこのような状況にはなりづらいので、女性間の分断が発生する構図にもつながっています。

「女性の仕事」を評価していない社会で「生活の質」は高まるのか

男性中心の規範が生むもう一つの懸念点は、生活の質・豊かさに関することです。非正規化している「女性の仕事」は、私たちの生活に安心を与え、内面を豊かにし、未来を担う子どもたちを育て、効率的な生活に役立ち時間を生み出すサービス分野であることが大半です。これは私の観察ではありますが、こうした分野での**労働の価値が正当に評価されず、正規・非正規がまるで身分差のように捉えられ、現場の規範となっている傾向**も一部で見受けられます。私たちの人生を豊かにする労働の価値の軽視は、回り回って私たちの生活の質の低下につながるとは考えられないでしょうか。

「多様性が求められる社会」とは、これまで社会制度設計の基準だった「男性稼ぎ主モデル」以外の型であっても、個々人が「よい」と思える状態で生活できるとのニュアンスも含まれています。そして、性別役割分担をできるだけなくし、決められた役割やそれに伴う金銭的制約などに縛られずに、生き方ややりたいことをできるだけ自由に選択できる社会となることを望みます。

5章

これからのあなたの「働き方」を考えるには

結局どんな能力を
身につければ
いいんだろう？

異動のせいで
キャリアが
めちゃくちゃだけど、
昇進できますか？

昇進が
決まってしまって、
怖い……

昇進がこわくなる業務経験を考えよう

自分でできること、キャリアを考えること

前章最後で他力本願的な言い回しにしたのは、私自身が組織では周辺化を自覚していて、既存の社会構造の中では影響力がないことをわかっているからです。しかし、現在の変容局面の只中では変革に直接影響の大きい何かに関われないとしても、できることは正直にやろうと考えています。そこで考えたいのは、**皆さんそれぞれが「自分がよいと思える状態」になるには、どういった働き方だろう**ということです。

現在の社会構造の中で自治体職員として働くことが、自身へどのような負荷を与えているのか、そして、偏りのある社会を再生産する可能性があることなどを、主に個人の視点から4章まででみてきました。ここからは、**そのような状況下でも昇進を志すならどのようにすべきか、具体的なノウハウ**について考えてみたいと思います。

「職域（受け持つ仕事の領域）」によって必要な業務経験は変わる

昇進するのであれば、どのようなキャリアプランがよいかを考えます。女性公務員のキャリアを、①女性に多い専門職、②女性が少ない専門職、③専門職の色合いが強い業務に従事する一般事務職、④①〜③以外の一般事務職の4類型で考察します。

① 女性に多い専門職

図表14（P90）でみたように、**看護師、薬剤師、保育士、栄養士**など女性の割合が9割を超える職種は異動部署が限定されていること、男性職員とは昇進ポストの競合関係にならないこと、将来昇進したとき、職員や係長時代に経験した部署の管理職になる可能性が高いこと、といった特徴があります。そのうえで、各異動先でも知識を吸収すれば、管理職となったときにその知見を活かして仕事を進められます。

またこうした専門職の場合、特に**職員や係長の間は議会対応や内部調整を経験する機会は少ない**はずです（つまり、女性が多い専門職は意思決定に関わる機会が少ないということです）。職種の共通理解はあるはずなので、**管理職になってから先輩からOJ**

Tを積極的に希望しましょう。

② 女性が少ない専門職

土木職、建築職といった職種が想定されます。①と②の大きな違いは、女性の中で昇進する人が選ばれるか、男性多数が競合関係になるかです。

先行研究等に基づく仮説の一つとして、日本では**プロフェッショナル分野に男女が混在する場合は男性を優先して「プロ」にする規範が働く**と考えられています。したがって、女性がほとんどの職種では女性に経験を積ませ育てますが、女性が3〜4割混じった職種では、男性を優先して「プロ」として育てる傾向があります。

生命保険会社の営業職をジェンダー分析した先行研究によると、戦前からある伝統的な生命保険会社の営業職は、大半が中高年女性であることに対し、80年代以降に参入した外資系や新設の後発型生命保険会社では高学歴男性を採用し、プロフェッショナル職のイメージを武器に営業を行うそうです。男性＝プロとするイメージ戦略を企業が行い、「男女間の職業的威信」の格差を生み出している事例です［金井・申2021］。

女性が、有望視される男性ほどにはスキル形成に効果がある業務を任されにくいことは、私の研究からもわかっています（P26参照）。そして、人員に余裕がない昨今の自治体では、女性職員も職員・係長までは第一線の仕事も経験しますが、管理職に昇進する前後や、キャリアの最後半期に、**それまでの経歴が活かしづらい分野へ異動になる**事例がみられます。こうした異動の可能性を想定し、意識しつつ業務経験を積みましょう。その意味で、④と同様ですのでそちらもご覧ください。

③　専門職の色合いが強い業務に従事する一般事務職

これは**税務事務、生活保護、国民年金・国民健康保険といった特定の法令等に基づいて事務執行を行う業務**を想定しています。①と類似する点は、窓口や現場対応が多いことと、組織や自治体の意思決定を行う機会が少ないことです。

専門職ではないのでこれら以外の分野に異動する可能性はあるものの、キャリアの前半期に③の分野で長期間経験を積むと、特に女性は中盤以降の異動に影響が大きいです。これらの業務が性に合った場合は、できるだけその分野に特化した経験を積んでいく。これができれば昇進後の業務もスムーズでしょう。強く異動希望を出し、周りもそのほうがこの組織にとってプラスと判断すればその分野（税・生保・保険年金などは特に）に居続けられます。**一般事務職の女性が意識的に専門性を身につけることでプロの道を開きやすい分野です。**

④　①〜③以外の一般事務職

図表14（P90）のとおり、過去40年間「一般行政職（一般事務職）」は、全自治体で男性が常に7割を占める職種です。自治体の意思決定に関わるのは主に一般事務職なのです（②の土木職、建築職はハード系部門での意思決定を中心的に担います）。

現在、女性一般事務職のキャリアパスの傾向として「管理職に昇進する前後でそれまでの経歴とはまるで関係ない分野へ異動」になる現象があります。それまで経験してきた分野での知見を活かし、施策や事業をブラッシュアップできることもあるでしょう。ただし、必ずしも自分の詳しい分野では昇進できない可能性を念頭に置いて経験を積む必要があります。つまり**どこに異動になっても汎用性のある「判断ができるスキルを積んでおくことが「昇進がこわくなる業務経験」**といえます。そして、仕事を通し、自分がどこでどんな業務に携わり、どのような人となりかを知ってもらう、いわゆる「人脈づくり」が自治体のように職員の外部流動性が著しく低い、顔みしりであることが生産性向上に有効と考えられている組織では、かなり重要です。キャリアパスに左右されるので、異動希望時の積極的なアピールが有効です。

標準的な人も昇進後に苦労しないスキル形成ができるように

②で書いたように、残念ながら女性職員は「プロ」としての育成は後回しにされる傾向にあるので、**積極的に「この業務がしたい」とアピールしていかなければ、昇進後の判断基準が身につくキャリアパスが得づらい**です（1章参照）。「何事からも学べるだろう」「キャリアのせいではなく個人の心がけ次第」という意見もあります。私も何人もの優秀な女性から周りの人を観察し自らの糧とすることの大切さを伺いました。

しかし、**観察眼にすぐれ、非常に高い能力を持っている人ばかりではありません。数％の特別な女性が管理職になって意思決定に関わっても、人数の面からも同質性の面からも「偏りを均す」ことにはつながらない**でしょう。特別な能力がなくても経験が積め、スキルアップできる組織環境にあることが重要です。こういう観点からもP176にあるような後押しする異動や、計画的な人事異動（P166）によるスキル形成が必要なのです。

「自信のなさ」には理由がある

「自信を失わせる異動」がある

前項で、現状の自治体で女性職員が「プロ」になれる道、なりづらい道がどんなものかを考察しました。プロになれる道で仕事ができれば、時間の経過とともに経験が着実に積み上げられ、強みになります。そして、経験に伴って自信も積まれます。

一方、キャリアの前半でその道のプロとなる経験を積めても、その道が組織の重要な意思決定や権力につながると「女性」はその道に残れないジレンマがあります。自治体の組織風土にもよりますが、**基幹職員が行うのは権力を使って集団を動かす「政治」そのものだから**です。プロになりづらい基幹分野の道でキャリアの前半を過ごした場合、蓄積された知識等が直接役立たないポジションに後々異動する可能性が一般事務職は特に高く、積み重ねてきた知識、人脈はほぼ使えない状態からスタートとなります。上りきっていない階段を、あと数歩で最下段まで落とされるようなものです。

その道のプロではないのに管理職として置かれるケースでは、異なる分野での経験を期待されていることもあります。その場合、管理職の周囲は、その分野のプロで固めておく必要があります。**実質的にはその管理職がいなくても実務は進む**ため、「お飾り」と陰口を言われるかどうかはその人次第、という状況に置かれるわけです。

「自信を失わせる異動」はジェンダー規範が強い社会構造によるもの

ある分野に精通した局部長級が未経験分野へ異動した場合、それまでに培われた知見が新たな分野に活かされるでしょう。しかし、係長級・課長級がまるで未経験の分野へ異動すると、異動先で「素人」扱いされます（実際素人なので）。その分野で長く**経験のある人の発言力が大きい中、まともに意見も言えず、言ったところで無視されます**（こういう状況下では「好かれる能力」「やってるふうに見せる能力」が役立ちます）。

もう一つの型は、事務処理や窓口・現場対応ばかりしてきた人が、管理職に昇進したり、昇進手前の異動で庁内調整や議会対応の業務を担当したりする場合です。**経験**

年数が長いため（逆に根拠は年数のみ）、当然それなりにできると思われていたのができない。「やっぱり女性は使えない」と本人も周りも困惑します。この現象は男性職員にはほぼありません。プロとして育てられた職員がつくポジションに、事務処理などしか経験のない男性が置かれることはよほど人手不足でない限りありません。女性が社会構造的に職場で能力を発揮しづらい状況のせいで、人から軽んじられたり、馬鹿にされたりすることで自信を失っていく可能性があります。なお、昇進しない「滞留する」女性職員にも自己肯定感が低い状況がみられる場合がありますが、これは長年同種の仕事をし続けて変化がないことに起因すると考えられます。

もしあなたが昇進して自信をなくしているのであれば、**それは努力や能力のせいではありません。これだけ何重にも不利な社会的条件が輻輳しているの**は確かだからです。

経験による獲得が困難だが管理職に必要な6つのスキル

では、女性職員から「うまくできるか不安だ」とよく聞く「管理職に必要なスキル」を検討します。それは①**説明力（プレゼンテーション）、②資料作成能力、③会議進行力、**

④議会対応力、⑤判断力、⑥調整力です。この6つのスキルは、事務処理や窓口・現場対応の経験だけでは身につきませんが、管理職や意思決定に関わる業務では必要です。

2022年現在で50歳前後の女性職員の大半はキャリアの前半で①〜⑥を経験していないことが、現在進行中の調査からみえてきました。私自身、40歳を過ぎるまでこれらのスキルを使って仕事をする経験はほとんどありませんでした。そんな私なりに、この6つに対応する際、何に重点を置いて準備すべきかを共有します。

① 説明力（プレゼンテーション）

同じ説明仕事でも、窓口での説明ばかりだとこのスキルは部分的にしか訓練されません。窓口では微に入り細に入り、辛抱強く住民に説明することが多いからです。

一方、内外の庁内の他部署や同部署内、そして庁外のステークホルダー（事務、町内会、市民活動団体など）である**「関係者」に説明する場合、相手方がどこまでその件について知っているか、何を知りたがっているかによって、どこまでどのように説明するかを変えます**。この「相手を見て説明」の仕方をどのように変えていくかは、長くその分野に関わっていれば苦もなくわかります。昨年はここまで説明したから今回はここからとか、ここは地雷だとか、相手方の癖などの情報が手に入っており、それに合わせてどう説明していくかも先輩をみて学べている、という具合です。

説明する相手の情報を知らないのなら、入手しましょう。**その件についてどこまでその人が知っているか、詳しさか簡潔さかどちらを好むか**という情報です。前もってシミュレーションもしましょう。資料に基づき説明する場合は、資料に書いてある順番に、拾いながら読んでいく要約の技術を使います。説明時間は限られています。会議の進行具合や相手方のスケジュール次第では持ち時間が急に変更する場合もあるので、**どこを必ず伝えるかを文字面だけでなく理屈で理解**しておきましょう。

② 資料作成力

資料は、説明の際に欠かせないものです。管理職になると、部下が作った資料をもとに説明することも多くなります。自分で資料を作って自分で説明することが、スキルアップにつながり、管理職になったときに部下の資料作成へのアドバイスにも役立つことでしょう。キャリアの前半からこの経験が積めたあなたはラッキーです。

役所で作成する資料は、**A：議論のために必要な情報が盛り込まれた資料、B：すでに**

決定された内容を説明する資料、C：広く周知するための広報的資料、D：行政手続きのための定型化された文書、大きくこの4種類があります。種類によって、資料に盛り込まれる内容や表現が変わります。基本的にはDが中心なのですが、そのほかの**A・B・CをDと区別して作成できるようになることが重要**です。A・B・CをDのように作成しているケースが意外にあります。

管理職になるまでに、Aを作成する経験が積める職員は少ないです。たとえ実務で経験したことがなくても、管理職になったときに部下が作った資料で説明する場面もある以上、**A・B・Cそれぞれの雛形としてどういうものがあるかを集め、その構造や特徴を自分なりに整理しておく**と役に立ちます。

型にはまらなくてもいいですが、組織の風土により、資料の雛形の特徴が異なっていることもあるので、まずは自分の属する自治体の資料から基本形を確認し、そのうえで他の自治体や書籍の情報を参考にするのが無難でしょう。集めた要素をどのような内容の資料でどのように採用していくかの理屈を考えてみると、⑤の判断力を身につけるうえでも練習にもなるはずです。

実際に実務で作業すると、資料に入れる情報と入れない情報、その表現の仕方には、これまで日本の行政機関に蓄積されてきたノウハウが詰まっていることがわかります。資料作成の経験は判断力を養う練習にもつながります。ただし、キャリア前半で一から資料を作成する業務を割り当てられればよいのですが、もちろん全員が担当できるほど多くある業務ではなく、経験できるかは「運」です。

③ 会議進行力

会議を進行するには、「整理術」が必須です。目的に向かってさまざまな情報を整理し筋道を立てていきます。

会議は「ライブ」なので、話されるテーマの基礎知識がないとついていけません。連続性のある異動をしたプロなら普通に仕事を継続するだけで知識もスキルも蓄積されているでしょうが、突然その立場に置かれた場合はこれまでの経緯を含め勉強する必要があります。また、自分が進行役の場合は参加者の発言を要約して頭に入れておき、それらの発言をどう組み立ててどこに着地させるかを同時進行で考えます。

整理術や要約術の訓練がされるほど会議はスムーズです。この文章を要約するとどんな文章になるか意識するだけでも、会議進行のスキルは上がります。

④ 議会対応力

他自治体の方々と話すと、議会対応は自治体によって「お作法」がかなり異なることがわかります。**重要な慣例は、文書で残さず口頭伝授されていることも多い**です。議会対応はこうした特性を持つことから、特に経験が物を言います。答弁書では、自治体としてどれほどの前向きさで取り組んでいくかなどの強弱を、特定の単語を組み合わせることで表現することもあり、そのさじ加減は職人技です。自治体によりその表現のさじ加減は異なると考えられますが、「検討してまいります」より「検討してまいりたいと存じます」のほうが検討をすすめるトーンが低くなる、といった具合です。

ある答弁案に対して、上司がどのようなポイントで修正しているかを、観察できる部署にいる期間が長いほど答弁書作成能力は訓練されます。「型」があることを知らずに答弁案を作ると、大幅な修正が必要になります。初めて議会対応をする方が苦労するのは、このような議会対応の組織特殊性と、明文化されないルールが大きいです。

答弁書作成は過去の議事録で、委員会での事前調整なしのやり取りはライブ配信をしていれば、それをみるのがいちばん勉強になります。そのほか議員との個別の折衝なども、先輩に付いてどのようにやり取りしているかをみて学ぶところが非常に大きく、管理職になったので突然一人で責任を持ってやるとなると後々トラブルにもなりかねません。経験がなければ、上司に伝えて組織として対応するのがよいでしょう。

⑤　判断力

この場面でどこまで説明するか、対立する利害関係があるときにはどこをゆずるか守るか。こうした判断には、その分野での経緯、現時点の進捗状況の見極め、主要人物の力関係や発言内容、社会情勢等さまざまな要素が関係します。いわゆる「総合的な判断」です。自分で確実に判断できないことは、相談・議論し組織として判断するので、**A：自分の判断できる範囲（自分の裁量で変更できるか）、B：情報を誰と共有しておくかを意識して、上司がどのような判断をしているかを観察し、判断軸を養います。**

ヒアリング調査で、上司に判断を仰ぐときは、自分で一度判断をしてから持っていくという方がいました。自分の判断した内容を上司に伝えることは説明の訓練になるし、上司とどのように意見が違ったかが判断軸を養うのに役立ったといいます。

⑥ 調整力

落としどころをみつける仕事です。特に庁内部署間の調整は困難で気を遣うと、企画調整課という政策の意思決定をする部署へ異動して私は初めて知りました。現在、女性管理職へのインタビュー調査をしているところですが、**女性職員は庁内調整を要さない業務の担当になることが多い傾向**をつかんでいます。

「あなたの部局の仕事に口をはさむ権限は我々にはありませんが、自分の部局がこれをやりたいので、あなたの部局にこうしてもらいたいのですが、どうでしょう」という調整を地道にやるのですが、どこまでを相手側に言えるかといった感覚も経験の中でしか養えないものです。私は他の部署と調整して事業を進める経験がないまま企画調整課で局と調整することになったので、非常に苦労しました。調整力も判断力と同じで、経験豊富な職員がどのようにやっているか、まずはみる機会を得ることです。

そして繰り返しになりますが、この「調整」は、相手が自分のことを知っている場合、非常にやりやすくなるものです。この傾向があまりに強いのは問題ですが、現在の変容局面では、ある程度は迎合も必要でしょう。

「適材適所」では管理職にふさわしい能力は育成されにくい

ここまで、具体的な苦手の解決策よりも、昇進してから必要となるスキルがいかに経験の中で培われていくものかを考察することに注力しました。残念ながら「女性」という属性は①～⑥の経験がしやすい業務をキャリアの前半で割り当てられる機会が少なく、それは「適材適所」で業務を割り当てた結果、**管理職が担えるスキルを持った女性職員が少ないという説明**になります。

また、自治体女性職員の昇進意欲が低い理由を分析し、その原因を「自信のなさ」によるとした研究［深田2018］がありますが、これも「適材適所」の結果ではないでしょうか。そしてこの「適材適所」の基準は、「長時間勤務」と「同質性」が軸になると考えています。こうした逆境ではありますが、①～⑥のスキルを鍛えることは自治体職員ならではの職業経験に直結し、ある意味、自治体の仕事とはなんぞやという醍醐味を味わえますので、ぜひチャレンジしてみてほしいと思います。

どんな経験が「私」には必要なのか考える

仕事で必要なキャリアは自分が何を大切にするかが軸となる

「キャリア形成がうまくいっている」状態を**「時間の経過に見合った蓄積がされ、その時々でそれまでの蓄積を活かして社会や組織への貢献ができ、そのことで自己効力感も高められる状態」**と置いてみます。

異動のたびに階段をいちばん下から上がり直すことが繰り返されるのは、うまくいけば成長はしますが、かなりの負荷が課され困難が伴います。地方公務員は長期間同じ顔ぶれの人間関係の中で過ごすので、仕事一筋の場合、庁内の同世代と比較し年齢に見合った働きがしづらくなると、精神的に弱ることにもなるでしょう。

逆に、プライベートでの活動に注力するため仕事は収入を得る手段と割り切るなら、汎用性のある庶務事務をキャリアの初期に習得しておくことで、新しい仕事を覚えるのがつらくなったとき、異動内示をおびえながら待つストレスから解放されるでしょう。また、ある程度異動先の目星が付く専門職（もしくは専門職の色合いの強い一般事務職）なら、キャリアの前半に配置された、自分に合うと思える分野で経験を積めば、勤続年数の積み重ねに見合った働きが定年までできる可能性が高まります。

地方公務員としてどんなキャリアが必要かは、自分がよいと思える状態に仕事がどのように関係するかで変わります。皆さんにとって必要なキャリアを考えることは、どういう人生を送りたいか、今何を大切にしたいかを考えることにつながります。

局長経験者から学ぶ「王道キャリア」と鍛えるべき能力

ところで、最上位の職位まで昇進した地方公務員はどんな「蓄積」を得たのでしょうか。1章で紹介した局長級職員へのヒアリング調査をもとにします。均等法前世代へ実施したこの調査では、女性はキャリアの前半でその後に役立つ蓄積をされていなかったので、政令市A市で本庁のポスト局長を務めた男性へのヒアリング内容です。

① 行政職員として必要な能力

A：幅広い業務知識や視点、B：多様なステークホルダーとの協議・調整スキルと円滑なコミュニケーション力、C：業務遂行のためのスキーム構築・体制づくり・進捗管理、この3つの能力が、行政の事務方トップの基礎となる地肩とのことです。

② 係長級までに経験しておきたいこと

係長までは、①の「A：幅広い業務知識や視点」の獲得を中心に、議会対応や調整、市長説明等の現場で先輩をみて学んでいます。

③ 課長級で経験しておきたいこと

課長級では、庁内の主要な基幹職員や議員との関係構築が進む時期であり、意思決定に責任を持つ立場での庁内調整の経験もその後に役立つということです。

④ 部長級で経験しておきたいこと

部長級では、市長をはじめ行政トップや局長の考え方をさらに身近で知ることができ、議会との調整などを通じて、判断力を磨き上げていきます。

⑤ 局長の職務を行ううえで経験しておきたいこと

組織の情報が集約される部署で、全体を見渡しての経験が基礎力になるそうです。

⑥ 判断力の磨き方

判断力を磨くのはやはり「経験」のようです。先輩や上司が判断する場面に立ち会い、A：市長・市民・議員それぞれにどう説明するのか、B：影響の度合いの見極め、C：正確な情報をいかに集めるか、D：場面に応じて誰にどんな情報を出すとよい方向に向かうか、などを学んでいくとのことです。決定されたことに基づく事業や事務処理の経験では、判断のトレーニングができる場面は少ないと考えられます。

汎用性がある「局（部）長に必要な能力」は鍛えておいて損はない

局長経験者の方々から伺ったこれらのポイントからは、基幹職員を育成するキャリアルートがみえてきます。また、各局（部）で人事を考える基幹職員や、基幹職員育成のキャリアルートに乗っている職員は、明文化されていなくとも王道の「局長ルート」がどのようなものか、暗黙に共有されているであろうと推測されます。

裏を返せば、こうした経験のない職員が局（部）長になると、判断で苦労する場面があるのです。ヒアリングではそういった話も伺うことができました。

とにかく、昇進を目指すかは別として、行政職員に必要な能力は行政職員としてどこに異動しても活用できるので、鍛えるに越したことはありません。**育成ルートに乗っておらず、異動先が予測しづらい一般事務職（特に女性）は、②から④までの各職位でのトレーニングポイントを参考**にしてください。さらに①を通じ、スキルアップを意識した異動希望を出すと、職位が上がったときにラクに仕事を進められます。

ただし、「行政職員として必要な能力」が鍛えられる業務は長時間勤務が多く、これが「女性」を配置できない理由に使われ（P60参照）、女性自身も異動希望を出しづらくなる悪循環につながります。そしてこのようにして生じている現象を「女性が自らの意思で長時間勤務のある職場を選ばない」と説明されもします。日本ではこの長時間勤務が性別分業を再生産してきたと、あえて何回も言います。

制度で与えられた権利を行使すると人手不足になる日本

ＯＥＣＤの公表データ（前掲Ｐ75図表12）で「1日当たりの労働時間の男女比較」をすると、ＯＥＣＤがデータを持つすべての国で男性の有償労働時間は女性より長く、無償労働時間は女性のほうが長く、格差が小さいと言われている北欧諸国でも同様の性別による役割があることを示しています。現在では有償労働と無償労働の偏りが小さくなっている国では厳しい労使交渉、争議を経て労働時間の短縮、労働市場の柔軟化や待遇改善が、個別の労使ではなく国レベルで行われ変化が起こってきています［菅沼2018、田中2018、権丈2018ほか］。

また、このような勤務時間の短縮等を実現できた国では、休暇を取得でき、パートタイム労働も普及する中で、労働者全員が権利を行使しても仕事が回る人員が雇用されているとわかります。日本の雇用現場はギリギリの人数で回しており余裕がないことを指摘している研究もあります［前田2014、菅沼2018］。

業務が**回るギリギリの人数しか雇用していないので、権利として認められているはずの休暇制度を取得すると職場が回らなくなる**のです。このため、制度はあっても「本当に休むの？」という空気で制御するような状況が発生します。

家事と仕事の両立を考えると、民間企業社員よりも公務員は結婚・出産を経ても就業継続する傾向が高いとP123で触れました。Kolberg［1991］は、公務セクターでの女性の直接雇用は女性の就業比率を高め、女性にとっての「良い仕事の源泉」になっているとし、特に公務部門の女性雇用が大きい北欧諸国は、雇用主としての国が女性労働者の経済保障を高めていると述べています［新谷2015］。

ところが日本では、OECDデータによると2019年の全産業に占める公務セクターの割合は5・89％で34か国中最も低く、2007年からさらに下がってもいます。加えて、35か国中32か国が、全産業に占める女性雇用者の割合よりも公務セクターに占める女性割合が高くなっていますが、日本は公務セクター就業者に占める女性割合が全産業の就業者に占める女性割合より低くなっています。

先行研究や各種データからも公務セクターでの雇用は安定しており、社会保障とも親和性が高いことを示していますが、先進国と比べて**「女性は安定した雇用を得づらい」のが日本の特徴**といえます。したがって、**日本は「女性」が個人として生活することを想定していない制度設計と社会構造**だと考えられるのではないでしょうか。

自治体や一職員に何ができるか

このように労働時間の短縮や勤務形態の柔軟化、公務セクターでの雇用方針などは、ジェンダー規範、性別分業、性別役割分担に大きく影響し、ひいては個々人にとっていちばん良い生き方の選択や社会の活力に関する諸課題と連動すると考えられます。

しかし、これらはＥＵ・北欧諸国の例をみても国全体の方針の中で取り扱われ変容してきたものです。公共部門の民営化、規制緩和による経済の自由化「小さな政府」を政策とし、市場の自由な競争により経済の効率化と発展を実現しようとする新自由主義の流れがある中で、一自治体が正規職員の割合や職員数自体を大幅に増やすとか、会計年度任用職員の報酬を一人ひとり見直すといったことは、それらを公約に掲げて選挙で選ばれた首長のもとであっても困難が予想され、特に職員の立場からボトムアップで変えるのは不可能です。

それでは、この変わらない、変えられない構造から抜け出せない日本社会の中で、自治体や一個人には、**「働き方の改革」**のために何ができるのでしょうか。

6章

では今、自治体組織にどんな改革が必要なのか

組織が変わらなきゃ、
私一人が
頑張ったって

昇進したがらない
女性部下、
どう応援すれば
いいんだろう?

私が今、
すべきことは
なんだろう

では結局、どうすればいい?

男女ともに働きやすい組織とは

6章は、自治体での働き方の課題に立ち戻り整理します。

私は、自治体での勤務経験と自治体を対象とした研究から、**誰もが働きやすい職場とは、①性別などの属性で役割を決めるのではなく、個人の資質を活かして働ける制度・構造があり、②陰口なども含む嫌がらせ・ハラスメントのない職場環境**となっていること、と整理しています。「女性用の仕事」は、女性が受け持つ家庭での役割が社会での役割に影響を与え限定化することや、社会全体の規範意識に影響を受けて発生し、非正規雇用等の処遇や社会的ポジションといった収入や権力関係も「女性用の仕事」に付随して作り上げられます(①)。属性とセットになっている仕事のイメージ(男性はプロ、女性は素人または家事の延長仕事)は職場内での「階級」を生み出し、ハラスメントなどにつながっていきます（②）。

家庭・職場双方における「男性」「女性」という性別での役割分担は、キャリアパス格差を通し、周辺化する女性職員を生み出します。そして、「職員本人の自己肯定感やモチベーションの低下」につながり、「職員の潜在能力を引き出せないことによる組織の非効率性・不活性化」や、「自治体の意思決定を行っている職員が同質に偏ることによる市民生活への影響」といった事態を生んでいます。

この項目の冒頭で書いたとおり、**「誰もが働きやすい職場」の実現に向けた最も重要な基盤は「恒常的に長時間勤務をしなくても回る体制」であり、これが実現すると共働きがしやすくなり、ジェンダーによる格差が縮小傾向に向かいます。**

しかしこれは**一自治体には非常にハードルが高い**ことです。労働時間の短縮や勤務形態の柔軟化は、EU・北欧諸国の事例では、政労使が国家レベルで協議を重ねて変革してきた、国中の人々に大きな影響が及ぶものだからです。したがって一組織や個人にできることは限られますが、一歩でも二歩でも近寄るためにできることがあるならば、**どんなに実現可能性が低かろうが、気づいた人が意見を口に出して共有すべき**です。

人事部で見直しリストを作ってみませんか？

「変化は微弱」「規範は頑健」な中で現実的にできることは何か

本書で何度も繰り返し触れてきたとおり、現在の自治体で女性が基幹職員となるべく、将来の局（部）長となるべく育てられているかという問いに対し、「そうはなっていない」と答えざるを得ません。基幹職員として判断力が身につけられる経験を、基幹職員となるべくして育てられた男性職員と比べて経験していないからです。

しかし、議会などで突っ込まれ、**仕方なく在籍年数の長い女性を突然抜擢するも、訓練されていないため思うような結果が出せず、本人も周囲も「やっぱり女性じゃダメだった」という判断を下してしまう。**このような悪循環があちこちの自治体で起きているという声を聞きます。「どの部署で誰にどの業務を担当させるか」は職員の裁量で決められますので、どうしても組織の中枢で影響力が強い主流派の意向が強く反映されます。

ルールがなければいつまでたってもこのループから抜け出せないので、「クオータ制」が必要、という議論も出てきます。しかしこの制度を導入できるほど、平場で率直な意見を口に出して議論できる土壌が日本にはないようにみえます。

ヒアリングで、30代女性職員たちの問題意識として、「役所では、利害調整や既存の体制での対応を優先するから、データに基づき政策課題を認識し政策手段を選ぶ議論が難しい」との意見がありました。主流派が各方面から抵抗されないと総合的に判断した範囲で既存のやり方に手を加えているのでは、具体的な業務の割り振りの傾向を大きく変えられません。**そもそも長時間勤務が前提の組織体制と、家庭での無償労働が女性に偏る規範と社会構造がベースとしてある**ため、「基幹職員として育成された職員」が人数的にも質的にも男女で差のない状態になることは、ジェンダー平等先進国でも数十年かかるといわれているくらいです。現時点ではとても難しいでしょう。

しかしこのような状況の中でも何かしらの光明を見出すため、**現在の自治体の人事部（課）で実現できる可能性のある、「女性職員を育成する」または「エンパワメントする」現実的な策を2つ**挙げてみます。

2回目までの異動で「能力アップに役立つ業務」の経験が有効

一つ目は**「女性職員の育成」**についてです。幹部候補の育成において、能力が高く、長時間勤務が可能な「超人」をキャリア中盤から育成する方法では、**潜在能力のある職員が見落とされてしまいます**。したがって、**キャリア前半でできるだけ多くの職員に「管理職となる可能性」を与え、全体で底上げする**のが有効です。

では、「管理職となる可能性」はどのように与えられるのでしょうか。公務員の人材育成に関する先行研究のうち、A省に勤務する国家公務員係長級職員に対し調査を行った研究［松尾2011］について詳しくみてみます。

この研究では、管理職（マネジャー）になる学習プロセスとして、①部門間や組織間の調整をする職務への従事は管理職として成長するために欠かせない経験であり、②上司から学ぶ経験によって大きく成長し、③経験を通して対人スキルを獲得するケースが多く、④最初の5年間で学んだ影響が大きいとの知見が得られています。また私の行った研究でも、局長級で退職した一般事務職の男性職員は、初めての配属先の業務は書類の流れ、財務等の一般作法、薄く広く市の業務を知るなど「能力アップに役立つ業務」で、その後に役立ったとしており、「スキル形成業務」に従事したのは、1回目または2回目の異動後からでした〔佐藤2022〕。

これらの研究から、女性職員は現実問題として出産育児でキャリア中断があることを前提にすると、遅くとも**キャリアの中断前に一度はP145で記載した「行政職員としての能力アップに役立つ業務」を経験する**機会を作ることが非常に重要です。キャリアの中断前に事務処理仕事や窓口業務しか経験しないと、育休明けに戻ってきたときに同様の仕事しか回ってこなくなります。自治体の意思決定に関わる行政職員としての仕事の醍醐味を知らずに定年までを過ごすことになる可能性が非常に高くなってしまいます。もし一度でも経験しておけば、本人の異動の選択肢が広がり、育休明けでも自発的に強く「能力アップに役立つ業務」を志願する可能性も高まるでしょう。

ただし、1・2回目の異動で全職員にこんな機会を与えるには「能力アップに役立つ業務」の洗い出しから始める必要があり、手作業で異動先の調整を行うほとんどの自治体からすればかなり煩雑な作業で実際には困難になるでしょう。

現在は、基幹職員候補は少人数に絞り込まれているため、人事異動によって計画的な育成が可能なのです。**候補対象者を拡大することが、今後の人事担当の課題**です。昇任試験がある自治体の場合、昇任試験合格者以外にもチャンスを与えつつ、昇任試験前の人事配置が非常に重要になってきます。

「他人軸」で評価されるのが常である役所仕事

二つ目の策は、**「女性職員のエンパワメント」**です。エンパワメントの説明は諸所あり、**「その能力を否定されてきた人が戦略的な人生上の選択を行う能力を拡大すること」**［カビール2016］、**「特に、自分の人生をコントロールし、かつ、自分の権利を主張する中で、より強くなり、より自信を持つようになるプロセス」**［Oxford Languagesより和訳］などがあります。**ここまで自治体で働く女性たちの思いや状況を読んでみて、自治体で働くことで女性は「人生上の選択を行う能力を拡大」し、「より強くなり、より自信を持つ」ようになると思いましたか？**　自治体で働く女性たちは休暇も比較的とりやすく（総務省「地方公務員における働き方改革に係る状況―令和2年度地方公共団体の勤務条件等に関する調査結果の概要―」による）、定年までめったなことではクビにならず、給料も安定的にもらえるにも関わらず、本業で働く目的や意味が見出せず、自尊心を低めている傾向（特に一般事務職）にあります。つまり、**「自分の人生をコントロール」したり「自分の権利を主張」したりしづらい状況がある**ということです。この状況はどこからくるのでしょうか。

「個人の成果ではなく忠臣度で評価されている」「本当に重要なことほど慣習や人間関係に依存して明文化されずに決まる」「利害調整や既存の体制で対応することを優先する」。これはヒアリングの中で聞いた、自治体職員30代女性の声です。自分の資質や潜在能力を活かして何かに実質的な貢献ができる「自分軸」ではなく、**誰にどう思われたかや、既存の力にうまくすり合わせられたかで自分の行動が変わる「他人軸」で、役所人生を過ごすことになる**と若年職員もおそれているのではないでしょうか？

しかも「女性」の場合、「男性」と比較して議会や内部調整などの仕事が回ってこないポジションに置かれがちな経験弱者のため、組織内部の他者から評価を得るには不利な立場です。こうした構造を考えると、役所の仕事だけでは自分軸で生きられるようコントロールするのは非常に難しいです。そのうえ、仕事上の経験が得られなかった結果、「ものを知らない」といって見下され、さらには、「気に入らない」職員の陰口をたたく、「気に入らない」職員にはあいさつをしない、返事をしない、話を聞かない。評価軸は「かわいがられているかどうか」と思えてしまう環境であれば、自分の権利を主張することもはばかられるでしょう。**「かわいがられる」「よいしょする」「同調する」ことにあまり抵抗を感じない人が公務員に向いている女性で、それをすることが「女性活躍」であるような状況にしてはいけないと、心底思います。**

このように、女性職員の多くは役所仕事では基本「他人軸」で仕事をし、人の目を窺って右往左往することになります。幹部職員となるべく育成されれば、私が実施した調査で男性局長経験者の皆さんがおっしゃったように「自分でコントロールしている」感が出てくるようですが、仮にこうした役所や社会を公務員が動かしているというような価値観があるとしたら肯定しがたいものですし、組織軸が自分軸になっただけともいえます。ただ何度もいうように、全員が管理職になれるポストはないうえに、女性職員の8割は職員級で、大半の職員が係長級にもならずに30年40年と同じ仕事をして定年を迎えます。こういった女性職員を、役所内の仕事だけでエンパワメントすることは、少なくとも今すぐには困難でしょう。局部長級の女性職員ですら、男性の基幹職員ではたまにみかける「全能感」を持っている人に、私はまだ出会ったことはありません。

「女性職員のエンパワメント」と副業の関係性

役所内の仕事が「特に、自分の人生をコントロールし、かつ、自分の権利を主張する中で、より強くなり、より自信を持つようになるプロセス」とならない人が多数であれば、**せめて役所外の活動がやりやすいよう扉を開けよう**というのが私の提案です。

たとえば、所属する組織で評価されるといったことに、自分の軸を見出せる人ばかりではありません。自分が得意なこと、関心のあることで世の中と関わって、社会の一員であることの実感を得られることがエンパワメントになります。世の中になんの役にも立っていないと、くすぶっている人に活力を取り戻し、そうした人の社会・プライベート・仕事すべてにプラスの効果を生む可能性があります。

「つらいことがあっても仕事以外で目標があったり、外部の方といろんな付き合いがあるとリフレッシュできる。つらいことがあっても乗り越えられる。役所一本だと精神的にストレスがたまると思う。これ一本だと思うとつらい。それしか道がないと思うと負担になる」（50代・男性）

滞留する女性職員だけでなく、専門分野を順調に昇進する男性職員からも、右のような意見が出ます。また、**「仕事一辺倒でないほうが結果的には良い仕事ができる」**ともいいます。役所外のつながりで視野を広げ知識が深まれば、本来業務に役立つだけでなく、居場所が増えて精神衛生上のバランスが保てるメリットもあるでしょう。

2017年3月に政府の「働き方改革実行計画」により副業・兼業の普及促進が示され、「地域貢献に生かしていく」ことを目的に独自で公務員の副業・兼業を奨励する制度を整備する自治体が出てきました〔神戸市（内閣府参照）、生駒市2017ほか〕。副業を認めることは人口減少時代に人手を提供する効果だけではなく、職員本人のエンパワメントにつながる側面があると考えます。京都市では2009年に、副業・兼業を許可する基準を詳細に明記した形で「営利企業等の従事制限に関する規則」を改正しました。この改正の必要性を考え実行した京都市職員岡田博史さん（当時。現在は大学教員へ転職）によると、**基準を明確にすると法外な収入の抑制になるだけでなく、きちんと申請する職員が増え、さらに「この範囲でなら積極的に活動できる」ことの周知にもなり、役所外での活動の後押しになっている**そうです。こんな基準があると「ここまでならＯＫ」がわかりやすく、チャレンジに前向きになります。

一方、営利企業等への従事許可申請を任命権者に提出しても、印税はもちろん原稿料や講師謝礼でも、申請を最初から「受け付けない」自治体もあります。地方公務員法第38条「営利企業等の従事制限」の逐条解説（『質疑応答地方公務員法』ぎょうせい）によると、報酬とは労働の対価なので、該当しない旅費等の費用弁償や謝礼としての原稿料や講演料は含まれず、そもそも従事制限の許可は必要ありませんが、それすらいい顔をしない自治体もあります。

身分が定年まで保障された公務員が、副業・兼業によりさらに報酬を得ることに否定的な住民の声が予想され、どこまでを副業・兼業可能な範囲と許可するかは任命権者として判断が難しいのはわかります。また、外部とつながることで役所内部の秘密が漏れ出るリスクを未然に防いでいるとも説明できるでしょう。しかし、**こうした運用は不適切であると同時に、職員の社会貢献や成長の機会を阻害しています**。

一方で、副業を保有する年収層は高額所得者層か、250万円未満の層に二極化し、やらざるを得ず副業している方たちがいます［川上2021］。通常、副業解禁は拘束性を低めるため、経営者側からは処遇の引き下げを伴うと解釈されることから、副業は功罪あるものです。ここでは、自治体の正規職員のモチベーションアップの観点から、一定程度の報酬を得ることの「功」の面をお話ししましたが、**副業解禁の議論は非正規雇用の処遇問題などと併せて正規職員の賃金引き下げの可能性も視野に**入れ、つまり正規・非正規含めて、職務内容に対してどのような処遇であるべきかを十分議論すべきと考えます。

とはいえ、外で輝ける人材が、役所という組織でも輝いてほしいと切に願います。

余談ですが、前述のエスピン＝アンデルセン［2011・2022］も「女性は給与が安くとも安定した公務員を選ぶ」としており、この点、**公務員の給与水準と職員数がどのようにあるべきかを、公務セクターでの雇用が社会保障となりうると検証する必要もあるのではない**でしょうか。

女性職員の「上司」に求めること

上司に求めるだけで変化は困難。しかし、求めます！

「改革」の中でも、上司の「マネジメント」を変えるのが最も困難です。なぜなら上司がどのように行動するかは、上司個人の考え方によるところが大きいからです。ルールや仕組みがあれば、本人の主義や思想とは関係なく動かなければならなくなります。「心が変われば行動が変わる」という言葉がありますが、なんのきっかけもなしに心を変えるのは難しいです。心とは関係なくルールに沿って規範どおりに行動し続けた結果、性別役割が所与のように自己同一化している人もいると推察します。

「心を変えるために行動を変える、行動を変えるためにルールを変える」の実践がEUの労働時間指令、そして女性役員クオータ制指令です。先に提案した「人事異動ルール」（P166）や「副業解禁」（P172）も制度化すれば一定の変化が見込めます。しかし上司のマネジメントは「上司の考え方」を変える以外に方法がありません。したがってこの後は、実現が困難と認識しつつ書きます。

「本人が尻込みしても推す」マネジメント

上司の職場マネジメントの女性の昇進意欲への影響を明らかにした研究は多く［武石2014ほか］、**「そんな仕事は私には無理」を覆して背中を押すマネジメントが、功を奏す**場合があります。しかし、良かれと思って異動させる行為が、パワハラになるのを警戒し避けられがちです。「本人が尻込みしても推す」マネジメントを！　と叫んでみても、パワハラといわれるリスクがある中では、女性活躍やジェンダー平等への理解や熱意がなければこういうマネジメントはできないでしょう。ですが、研究が示しているとおり、二度三度推してみて新たな自分が発見できる職員も一定数いますので、ぜひ見抜いてマネジメントし、**扉を開くきっかけ**をつくってあげてください。

伝えなければわからないことがある

私は二十数年勤務する中で、女性職員に多くみられる、仕事を進めるうえでの若干厄介な共通点に気づきました。また、他都市の方へのヒアリングでも、同様の傾向が女性にみられることがわかってきました。代表的な事例は、①一筆書かせる（言ったと言わないを根拠に調整しようとする）、②自分に求められている役割（水準）を見抜けず頑張りすぎる、この2点です。

① 一筆書かせる

これは主に、A：通常のフローとは異なるイレギュラーな事務処理を、他の部署から依頼されるケース（たとえば契約事務や公印事務）、B：各部署で考え方が異なり、その事業を進める方向性などについて意見が対立するケースで起こります。

Aでは「『このことを私から依頼しました。何事か起きたときには私が責任を取ります』と一筆書いてください」、Bでは「あなたとの電話や打ち合わせでのやり取りを摘録に書き起こしました。間違いがないかを確認し、印鑑をください」と言質を取り、それを根拠に調整するのです。イレギュラーな事案を扱う場合、状況によっては事案の経緯を記録する必要があります。管理職から記録を残す指示が出る場合もあるでしょう。しかし、**「誰が言ったからこの処理をやった」「こちらはやりたくなかったのに**

向こうが言うからやらざるを得なかった」ことを根拠に行政事務を行ってはいけません。

例規に基づく事務処理の場合は「その例規で何が規定されているか」、例規などで決まっていない場合は「どのような考え方に基づき判断するか」を組織として議論し確認していきます。①過去に計画・方針や議会答弁で自治体としてその案件にどのような考え方を示しており、②その後どのような経緯があって今に至るか、③関係者がいる場合は関係者にどのような影響が出て、関係者からの制約はあるか、④社会動向、国や県などの動きがどのようにどの程度関係しているか、⑤首長の考え方は、⑥財政や行革の観点からの検討、等々を踏まえて組織としてどう扱うかを決めていくのです。つまり誰それがこう言ったと、**一筆とってそれを決定の根拠にする類いのものではない**のです。しかしそれがわかっていない、知らない女性職員のエピソードを耳にします。

② 自分に求められている役割（水準）を見抜けない

これは主に「やりすぎる」ケースです。たとえば、世界や国の潮流に引っ張られ「これはいい取組だ！　どんどんやろう！」と表向きには推進している事業でも、実はその取組の理念が地域性にそぐわない（地域の主流派の意向と異なる）や、突っ込んで取り組んでも効果がみえないから適度にやればよい（データに基づいて政策課題を認識し政策手段を選ぶのが難しいので、きちんと検討できていない）などが、残念ながら自治体ではよくあります。ここで、目指すべき「本当の水準」が目にみえている「建前の水準」からは離れた形で、基幹職員たちの中で周りのさまざまな空気を読み取った結果ふわっと決まっている場合に「やりすぎ」が起こります。

表向きには「やる」ことになっているので、担当になった女性職員は腕まくりをし、考えつくかぎりのことを実行していきます。明文化されていない意思決定の中では本当は事業を拡大されては困るケースも中にはあり、上司としてはそこまでやらなくていい、と女性職員に察してほしいわけですが、女性職員は口に出して言われていないので全くそれに気づきません。

つづいて上司はそこまでやらなくてもよいことの意思表示として、あまり褒めたりせずにその案件に関わらない、という方法をとります。しかし、またそこで真意は女性職員に伝わらず、こんなに頑張っているんだよということを示すためにますます突っ走る……。このような**「業務の水準」が明確に示されないために起こる悲劇の循環**

というのが大なり小なりみかけられ、目立つ事案での担当者はほぼ女性です。

また、直属の上司とのやり取りで思いどおりに物事が進まない場合、飛び越えてその上の上司（首長のこともある）などに、進まない物事について平場で直談判する事例もあります。**女性職員は前に進むため、よかれと思ってやっている**のですが、直属の上司にとっては「恥をかかされた」となり、うまく進まない原因になることもあります。くれぐれもその点を覚悟したうえで、やるときはやりましょう（笑）。

パワハラと恐れずに、はっきり伝えて育ててほしい

事例①のような事態が起きると、以前は「女の仕事のやり方だ、わかっていない」と本人がいないところで陰口を叩かれました。最近では周りに聞こえるようわざと大声で言う嫌味はばかられますが、女性に共通して起こるトラブルなので、私も以前は「女性」の性質や能力に紐づいているのだと思い込んでいました。

しかしこれまでみてきた社会構造を考えると、女性職員がこのような対応をとる理由は、「女性」の性質や能力に起因しているのではなく、別に考えられるわけです。

①では、どのような検討をして判断するかを単純に知らないこと。②では、表からみえているのは**「建前の水準」で、「本当の水準」が別途ある場合を知らない**ことです。建前と本音が乖離しすぎているのが根本的な問題ではありますが……。

女性は、経験や同質性の点で大きなハンデを負っています。はっきりと言いづらいかもしれませんが、こうした傾向のみられる女性職員の上司は、**判断の基準や求められている水準をきちんと女性職員に伝え、納得がいかなければ話し合うことが非常に重要**です。女性職員の成長にも、業務の無駄のない的確な遂行にもつながります。

意識的にも無意識にも、見下した態度・発言をしない

明文化されずに推し量ることが求められる規範の中では、何よりも「経験」がものをいいます。日本では、**性別で与えられる経験に差がつけられ、経験に差がつくと、持っている情報やスキルに差がつきます。この差に目をつけて自分のほうが上で相手が下と格付けされると、憂さを晴らす道具かのような発言をされやすくなります。**これは発言するほうが意識的、無意識にやっている場合で分けられます。

「意識的に見下している場合」は、見下す側を見下してもよいと思っているのです。女性は権力や知識等の格差により、勝手に精神安定剤の役割（八つ当たりして憂さを晴らせるなど）を押し付けられてきた歴史があります。先ほどの**建前と本音がわかっていないとか、調整の仕方を知らないとか、答弁の単語の微妙なニュアンスを知らないとかで優位に立つ**のです。さらに「ニコニコしていれば言われない（攻撃されない）のに」と、**経験できない場所に置かれたうえに、ニコニコまで求められる**のです。だから、女性が女性管理職比率が少ない、主要なポジションにつかないといった情報弱者の立場でいるうちは、雑談ネットワークに入るなど演じてでも情報をとりにいくことが身を守るために必要な場合もあるでしょう。

また、「無意識に見下している場合」は、見下している側は自分が見下しているとは思っていないために、女性から「そういうことは言わないでください、失礼です」と言われると、たとえ言い方がやんわりであっても逆上する場合があります。意識的に貶めるよりタチが悪いことがあります。無意識の例としては、「庶務なんてやっていて楽しいの？」と庶務担当に尋ねるといった凡ミスから、「こいつはこれを知らない」

という思い込みや決めつけで、上から目線で教えてやろうとする行為などがあります。じっとこらえてうまい返しの一つでもすれば確実に「好かれる」側に入れるので、そうする手もあります。また、あからさまに反撃してもクビにはならないので、そうしてもいいでしょう。いずれにしても、こうしたことを一人ひとりが繰り返すことで少しずつでも「変容」がやってくるでしょう。

まずは理解だけでもしてほしい

さらに、男性職員の中には、些細な言動がトリガーとなり、過剰な反応をする女性がいると思っている人がいます。それは**「女性がヒステリー」だからではありません。長年にわたり貶められ自尊心を傷つけられ、はっきり反撃しないとやられっぱなしになるとわかっているから**です。

「性別役割分担に起因する見下し」がどのように起こるか、**構造的な問題が生じさせていることを理解する人が増えるだけでも、変化は起こせます。**

小さな一歩を集めよう

一人ひとりができること、それは「自分の意見を持つこと」

5章で、EU・北欧諸国がどのようにして働き方を変えてきたかをみました。日本の私たちが働く役所であっても「こういう働き方は嫌だ」という個人の意見がまずあり、意見を言い合える場があるからこそ、一つのまとまった意思となってオフィシャルな話し合いにつながります。そしてルールが変わり、個人の行動が変わり、規範が変わっていくのを繰り返していけるでしょう。

まず意見を表明しないと何も始まらないし、そもそも周りに合わせることを最優先していては、自分の「意見」があるかも怪しく、あったとしても公のポジションでは言い出せず、「匿名の愚痴」という形でしか言えない人が多いのではないでしょうか。

要は、その場にいづらくならないことを最優先した行動を一人ひとりがとっていることが、社会が変化しづらい一翼を担っていると考えられます。

国、組織、上司ができる改革とは何かをみてきましたが、私は現時点ではこの**「一人ひとりができること」からまず始める段階に、私たちの社会はある**と思っています。**「自分の意見を持つこと」そして「どこかの場で共有すること」が最初の一歩**です。

地方公務員である一個人としての一歩はどこに？

働き続ける意義や、なんのために働くのかといった目的は幾通りもあります。誰しも一本道を決めて進んできたわけではなく、なんとなく今の自分に合っている、行きたい方向に進んだ結果、現在の場所にたどり着いているということでしょう。

本書で私たちが置かれている日本社会や役所のメカニズムの問題点がわかったところで、さてこれからどこへ向かっていきましょうか。自分のありようをどこで発揮しましょうか。役所の仕事を通して。役所外での活動で。その両方で。可能性は無数の組み合わせがあります。

「正しいことは一つではない」他者との対話、議論可能な社会に向けて

本書の主題は、やみくもに女性に昇進を勧めることではなく、自分や社会がどういうありようになっていたいか、そしてそれらが実現するには何が必要かを皆さんと一緒に考えてみることでした。それぞれにとって生きやすい社会にするには、個人としての意見を持ちやすく、意見交換をしやすい環境が必要です。最初から、これは「良い（もしくは正しい）意見」で、こっちは「個人の思い込みの意見で聞く価値がない」などと、「意見の良し悪し」を言う前から、空気感だけで決まってしまっている社会では意見が言いづらくなってしまいます。こうした同質性による同調圧力を緩和していくのに、意思決定の場になじんでこなかった「女性」が増えるのは一つの策です。

ですが、我慢して今ある空気感や規範に合わせて管理職になって、同じように今ある空気感や規範を再生産していても、私たちが生きづらいというのは変わらない。疑問に思うこと嫌だと思うことにゆさぶりをかけられる、そしてそれらの過程で、または行き着いた先で、自分のありようを発揮できる道を選んでください。

おわりに

一様な受け止めとならないジェンダー問題を語ることは、書き手にとっては批判必至のテーマです。そのうえ現役公務員が世論を二分する分野への個人的な意見を対外的に発表すれば、特に所属組織からは白眼視されるでしょう。なぜそれでも本書を執筆したかというと、世間一般ではあまりに個人の経験に基づく議論が先行していて、客観的な研究成果やデータが世の中にまだまだ広まっておらず、本質的な問題が「気づかれてもいない」と知ったからです。そして、ひとりでも多くの人が「自分の目には届いていないものに関心を持つ」ことは、自治体組織においてだけでなく、この国で生きやすくなる人が増える道のひとつだと確信しているからです。

また、自治体組織が外部人材等も含む多様な雇用形態をとるようになったことで、どのように制度が人の意識を変え、職務に序列がつき、私たちの生活にどのような影響があるのか、そういった影響は効率的効果的な行政運営のために仕方のないことと捉えて本当によいのか、という疑問への答えを見出したいと研究を続けています。この疑問は、ジェンダーと密接な関係があると考えています。

勉強を始めて間もない私にとって本の執筆はたいへん困難で、多くの皆様のお力添えがあってこそ出版することができました。各地の先輩公務員である村川美詠さん、吉川貴代さん、柳田香さんには、長年公務に従事された視点から貴重なアドバイスをいただき、ありがとうございました。いつも鋭いコメントで背中を押してくれる研究仲間の高橋麻美さん、本書の企画を実現させ、極力誤解なく意図を伝えられる手ほどきをしてくれた編集担当の松倉めぐみさん、そして、本書の改善すべき点についてご指摘と参考文献をご提供いただき、高い視座を持ちながら気さくな会話を通じて日々指導してくださる金井郁先生に、この場を借りてお礼申し上げます。また、推薦文をいただいた村木厚子先生に感謝申し上げます。真っ先に私に刺さりました。最後に、私がご意見を伺った全国地方公務員の皆様のご協力なしではこの本は成立しませんでした。関わってくださったすべての方々に心から感謝いたします。

佐藤　直子

新谷由里子，2015，「公務セクターにおける女性の就業状況と子育て支援環境」『人口問題研究』295：326-350。

WORLD ECONOMIC FORUM, Insight Report: The Global Gender Gap Report 2013, https://www3.weforum.org/docs/WEF_GenderGap_Report_2013.pdf, 2023年1月31日
内閣府男女共同参画局，https://www.gender.go.jp/public/kyodosankaku/2013/201312/201312_06.html, 2022年12月31日。

斎藤修，2013，「男性稼ぎ主型モデルの歴史的起源」『日本労働研究雑誌』638：4-16。

大沢真理，1999，「社会保障政策―ジェンダー分析の試み」，毛利健三編著『現代イギリス社会政策史 1945〜1990』ミネルヴァ書房。

大沢真理，2002，『男女共同参画社会をつくる』日本放送出版協会。

大沢真理，2007，『現代日本の生活保障システム―座標とゆくえ』岩波書店。

山口一男，2021，「人を大事にする企業と社会が成長する」『RIETI Highlight』87：21-23。

金井郁・申，2021，「生命保険営業職の採用と育成―伝統的生保と後発型生保の比較ジェンダー分析」『大原社会問題研究所雑誌』748：76-95。

深田仁美，2018，「自治体職員の昇進意識とその影響要因」『産業・組織心理学研究』31(2)：111-122。

田中洋子，2018，「座長報告：なぜ日本の労働時間はドイツより長いのか」『社会政策』10(1)：5-24。

権丈英子，2018，「オランダの労働市場」『日本労働研究雑誌』693：48-60。

前田健太郎，2014，『市民を雇わない国家―日本が公務員の少ない国へと至った道』東京大学出版会。

Kolberg, Jon Eivind, 1991, 'The Gender Dimensionof the Welfare State.', *International Journal of Sociology*, 21（2）：119-148
新谷由里子，2015，「公務セクターにおける女性の就業状況と子育て支援環境」『人口問題研究』71(4)：326-350。

松尾睦，2011，「公務員の経験学習と人材育成」『国民経済雑誌』204(5)：31-41。

Kabeer Naila, 2000, "*The Power To Choose*：*Bangladeshi Women and Labor Market Decisions in London and Dhaka*, Verso（= 2016. 遠藤環・青山和佳・韓載香訳，『選択する力―バングラデシュ人女性によるロンドンとダッカの労働市場における意思決定』ハーベスト社）。

内閣府「地域貢献応援制度(兵庫県神戸市)」，https://www.cao.go.jp/consumer/history/05/kabusoshiki/chihou/doc/023_190807_shiryou1_5.pdf, 2022年12月31日。

生駒市「地域貢献活動を行う職員の営利企業等の従事(副業)の促進について」，https://www.city.ikoma.lg.jp/0000010732.html, 2022年12月31日。

地方公務員問題研究会編，『質疑応答 地方公務員法』ぎょうせい
川上淳之，2021，『「副業」の研究―多様性がもたらす影響と可能性』慶應義塾大学出版会。

武石恵美子，2014，「女性の昇進意欲を高める職場の要因」『日本労働研究雑誌』648：33-47。

位の世界にひそむ見せかけのファクトを暴く』河出書房新社)。
Haas Randall etc., 2020, 'Female hunters of the early Americas', *Science Advances*.
内閣府男女共同参画局, 2021,「共同参画」2021年2月号。
Esping-Andersen, Gosta, 2009, "*THE INCOMPLETE REVOLUTION*: Adapting to Women's New Roles", Polity Press, Cambridge. (= 2011・2022, 大沢真理監訳,『平等と効率の福祉革命―新しい女性の役割』岩波書店)。
Graeber David, 2019, "*BULLSHIT JOBS*: A theory", Simon & Schuster, New York (= 2020, 酒井隆史・芳賀達彦・森田和樹訳,『ブルシット・ジョブ―クソどうでもいい仕事の理論』岩波書店)。
Reskin Barbara F., 1998, "*The Realities of Affirmative Action in Employment*", American Sociological Association.
山口一男, 2014,『ホワイトカラー正社員の男女の所得格差『RIETI Discussion Paper Series』14-J-046, https://www.rieti.go.jp/jp/publications/dp/14j046.pdf, 2022年12月31日。
Arruzza Cinzia, Bhattachaya Tithi, and Fraser Nancy, 2019, "*Feminism for the* 99%: A Manifesto, Verso. (= 2020, 惠愛由訳,『99%のためのフェミニズム宣言』人文書院)。
中根千枝, 1967,『タテ社会の人間関係』講談社新書。
Groos Karl, 1901, "*The Play of Man*", translated by Elizabeth L. Baldwin. New York: Appleton.
山口一男, 2005『女性の労働力参加と出生率の真の関係について:OECD 諸国の分析』『*RIETI Discussion Paper Series*』05-J-036, https://www.rieti.go.jp/jp/publications/dp/05j036.pdf, 2022年12月31日。
「『平成とは何だったのか』(9)人口減少と社会保障　山崎史郎・元厚生労働省社会・援護局長　2018.8.22」,
https://www.youtube.com/watch?v=I_uQSx4MP5Q, 2022年12月31日。
木本喜美子, 2010,「企業社会の変容とジェンダー秩序」木本喜美子・大森真紀・室住眞麻子編著『社会政策のなかのジェンダー』明石書店: 9-35。
内閣府男女共同参画局「女子に対するあらゆる形態の差別の撤廃に関する条約(CEDAW)」, https://www.gender.go.jp/international/int_kaigi/int_teppai/index.html, 2022年12月31日。
大沢真理, 1993=2020,『企業中心社会を超えて―現代日本を〈ジェンダー〉で読む』岩波書店。
金井郁, 2017,「女性の昇進をめぐる意識とマネジメント―雇用管理体系とジェンダー」『大原社会問題研究所雑誌』704:18-36。
Joel Daphna & Vikhanski Luba, 2019, "*GENDER MOSAIC*: Beyond The Myth of the Male and Female Brain", Octopus Publishing Group, (= 2021, 鍛原多恵子訳,『ジェンダーと脳―性別を超える脳の多様性』紀伊国屋書店)。
駐日欧州連合代表部, 2014,「ジェンダーバランスの実現にかける EU」『EU MAG』31,
https://eumag.jp/feature/b0814/, 2022年12月31日。
大野威, 2020,「女性役員登用の国際比較および女性役員と企業業績・株価の関係―女性役員比率30%以上の日本企業の株価と ROE の分析」『立命館産業社会論集』55(4): 1-20。
内閣府男女共同参画局「上場企業における女性役員の状況」,
https://www.gender.go.jp/policy/mieruka/company/pdf/sangyo_list2022.pdf,
https://www.gender.go.jp/policy/mieruka/company/yakuin.html#n01, 2022年12月31日。
金井郁, 2013,「『多様な正社員』施策と女性の働き方への影響」『日本労働研究雑誌』636:63-76。
菅沼隆, 2018,「デンマークにおける労働時間の柔軟化と組合規制」『社会政策』10(1):62-74。

参考文献（出現順）

佐藤直子，2022，「地方自治体幹部職員のキャリアパスにおける男女格差―政令指定都市Ａ市の事例から」『社会政策』14(2)：93-105。

稲継裕昭，1996，『日本の官僚人事システム』東洋経済新報社。

小池和男編，1991，『大卒ホワイトカラーの人材開発』東洋経済新報社。

小池和男，2005，『仕事の経済学（第３版）』東洋経済新報社。

小池和男，2003，「競争力を左右する技能とその形成―文献サーベイ」『経営志林』39(4)：１-28。

井上詔三，1982，「内部労働市場の経済的側面―ホワイトカラーの事例」『日本労働協会雑誌』24(9)：２-13。

松繁寿和，2000，「キャリアマラソンの序盤―文系大卒ホワイトカラーの異動と選抜」『国際公共政策研究』４(2)：21-40。

浜松市，2009，「本庁・区役所の役割分担の基本的な考え方について」，https://www.city.hamamatsu.shizuoka.jp/documents/14524/yakuwari2.pdf，2022年12月31日。

川崎市，2016，「区役所改革の基本方針―区役所発のサービス向上と共に支え合う地域の実現に向けて」，https://www.city.kawasaki.jp/250/cmsfiles/contents/0000069/69209/housinn.pdf，2022年12月31日。

広島市，2007，「区役所機能のあり方について」，https://www.city.hiroshima.lg.jp/uploaded/attachment/50603.pdf，2022年12月31日。

名古屋市，2017，「区のあり方基本方針」，https://www.city.nagoya.jp/sportsshimin/cmsfiles/contents/0000091/91999/kihonhoshin.pdf，2022年12月31日。

大阪市，2007，「区政改革基本方針―区役所現場からの『改革宣言』をふまえて」，https://www.city.osaka.lg.jp/shimin/cmsfiles/contents/0000029/29862/01.pdf，2022年12月31日。

さいたま市，2010，「区役所のあり方に関する検討報告書―日本一身近で，はやい行政を目指して」，https://www.city.saitama.jp/006/007/016/001/p009996_d/fil/houkokusho.pdf，2022年12月31日。

大杉覚，2009，「日本の自治体行政組織」『分野別自治制度及びその運用に関する説明資料No.11』政策研究大学院大学，https://www.clair.or.jp/j/forum/honyaku/hikaku/pdf/BunyabetsuNo11jp.pdf，2023年１月31日。

佐口和郎，2018，『雇用システム論』有斐閣。

上林陽治，2015，『非正規公務員の現在―深化する格差』日本評論社。

山口一男，2017，『働き方の男女不平等―理論と実証分析』日本経済新聞出版社。

木本喜美子，1995，「性別職務分離と女性労働者―百貨店Ａ社の職場分析から」『日本労働社会学会年報』６：23-50。

堀内慎一郎，2015，「大手日本企業における女性総合職の配置と管理職昇進」『家計経済研究』105：68-77。

独立行政法人 労働政策研究・研修機構（2007）『仕事と家庭の両立支援にかかわる調査』労働政策研究・研修機構 JILPT 調査シリーズ No.37。

大内章子，2012a，「大卒女性ホワイトカラーの中期キャリア―均等法世代の総合職・基幹職の追跡調査より」『ビジネス＆アカウンティングレビュー』９：85-105。

大内章子，2012b，「女性総合職・基幹職のキャリア形成―均等法世代と第二世代とでは違うのか」『ビジネス＆アカウンティングレビュー』９：107-127。

大内章子，2014，「企業は本気で女性を総合職として育ててきたか？―均等法世代と第二世代の追跡調査を基に」『日本労務学会誌』15（１）：97-106。

大内章子，2020，「女性の管理職昇進―それは企業の本気の人材育成あってこそ」『日本労働研究雑誌』722：78-88。

Prez Caroline Criado, 2020, "*INVISIBLE WOMEN*：Exposing Data Bias in a World Designed for Men", (= 2020, 神崎朗子訳，『存在しない女たち―男性優

●著者紹介

佐藤　直子（さとう　なおこ）

首都圏政令市職員。2022年4月から埼玉大学経済経営系大学院 博士後期課程に在学中。専攻は労働経済論、ジェンダー論。
1998年入庁後、児童館にて青少年健全育成業務⇒市内児童館庶務事務⇒公務災害・通勤災害事務、安全衛生関係事務⇒扶養認定・年末調整事務⇒特殊勤務手当見直し⇒区役所にて市民協働まちづくり業務（係長昇任）⇒国際拠点PR／ブランディング⇒総合計画ほか分野別計画策定等の庁内調整事務、地方創生交付金関係事務、SDGs未来都市関係事務⇒市長への手紙、市民アンケート、コールセンターなど広聴担当（課長昇任）⇒幼児教育（幼稚園・認定こども園関係）担当
どうしてこのようなキャリアパスとなったのかに関心を持ち、2018年に研究活動を開始。公務労働分析で博士論文を作成中。

女性公務員のリアル
―なぜ彼女は「昇進」できないのか―

2023年3月8日　初版発行
2024年8月30日　3刷発行

著　者　佐藤直子
発行者　佐久間重嘉
発行所　学 陽 書 房
〒102-0072　東京都千代田区飯田橋1-9-3
営業部／電話　03-3261-1111　FAX　03-5211-3300
編集部／電話　03-3261-1112　FAX　03-5211-3301
http://www.gakuyo.co.jp/

ブックデザイン／スタジオダンク
組版・印刷／精文堂印刷　　製本／東京美術紙工

ISBN 978-4-313-15138-3 C0034